Réflexe

Term STMG

W0282086

DROIT

Sous la direction
de Patrick Mercati

Pierre Arcuset
Alexandra Bucher
Anne Delalix
Patrick Mercati
Christine Palau

Nathan
TECHNIQUE

Avec ce livre, une licence i-MANUEL 2.0

Le i-Manuel 2.0, un outil simple d'utilisation qui reprend l'ensemble des contenus de ce livre sous forme numérique et interactive.

Il permet d'accéder au contenu de ce manuel à tout moment et en tout lieu sur un ordinateur ou une tablette. L'utilisateur peut donc passer du papier au numérique et choisir le support qui lui convient le mieux selon le travail à faire et le lieu où il se trouve.

Une véritable interactivité entre l'enseignant et sa classe

- **Vidéoprojeter** en classe les activités, les documents et les corrections pour animer les cours et travailler collectivement.
- N **Feuilleter le livre papier enrichi et le télécharger** pour un usage sans connexion.
- N Bénéficier d'**une banque de ressources.**
- **Piloter la classe** en assurant le suivi du travail des élèves à distance et en cours (recevoir et envoyer du travail, faire des commentaires, intervenir en temps réel).
- **Intégrer et envoyer à la classe**, à un ou plusieurs élèves, **des documents personnels**.
- **Afficher les corrigés** ou la correction individuelle du travail de l'élève.
- **Imprimer** les documents nécessaires pour mettre les élèves en **situation d'examen**.

Des fonctionnalités innovantes pour favoriser l'intérêt, la motivation et l'implication des élèves

- **Saisir les réponses** en travaillant sur ordinateur ou tablette.
- **Faire les activités et les exercices**, préparer ou réviser le cours **en classe ou à la maison**.
- **Accéder** aux **ressources numériques**, vidéos, fichiers élèves (Word, Excel, GeoGebra...).
- **Sauvegarder** au **format Word** le travail effectué dans un dossier (classeur).
- **Envoyer le travail** au professeur.
- **S'enregistrer** pour les activités orales.
- **S'auto-évaluer**.

Toutes les infos et les tutos sur www.nathan.fr/i-manuel2

Avec ce livre, des ressources numériques en accès direct

Flashez les QR Codes avec votre smartphone ou saisissez les mini-liens associés pour accéder à des vidéos, animations, QCM...

Sommaire

Sommaire des vidéos

Ce pictogramme indique la présence de fichiers « Allez plus loin ! » à télécharger sur le site compagnon.

ISBN : 978-2-09-167640-1

La formation du contrat

1

Capacités

- Qualifier juridiquement un contrat, ses clauses et ses parties.
- Apprécier les conditions de validité d'un contrat dans une situation donnée.
- Justifier la protection accrue du consommateur et du cyberconsommateur.

Vers PIX

D.1.1. - Mener une recherche et une veille d'information

Avant la classe

Vidéo : « Comment le PSG tente de retenir Kilian Mbappé » – *Le Point*
liennathan.fr/x3d2f8

- **Identifiez les contrats évoqués dans la vidéo.**
- **Citez d'autres situations contractuelles.**

Situation

Malgré les velléités de départ de leur attaquant vedette, les dirigeants du PSG n'ont pas renoncé à convaincre Kylian Mbappé de prolonger son contrat dans la capitale.
Nasser Al-Khelaïfi [président-directeur général du club Paris Saint-Germain] et ses équipes sont en effet bien décidés à convaincre leur joueur vedette de rempiler à Paris. Et à en croire RMC Sport, l'état-major du PSG devrait prochainement revenir à la charge avec une nouvelle proposition de contrat avec un engagement de courte durée – vraisemblablement deux ans – et un salaire qui en ferait le joueur le mieux payé de l'effectif parisien, sans doute donc supérieur à 50 millions d'euros annuels. Une proposition qui devrait être assortie d'une substantielle prime à la signature. Suffisant pour infléchir la position du n° 7 parisien ?

www.sport.fr, 6 octobre 2021.

1 Qualifier un contrat, ses clauses et ses parties

DOC. 1 Un contrat spécifique

CONTRAT DE JOUEUR PROFESSIONNEL
CONTRAT N°

SAISON

Homologué le :
Commission Juridique de la Ligue de Football Professionnel

Entre les soussignés :

Le Club	Le Joueur

Clubs dans lesquels évoluait le joueur au cours des douze saisons précédentes, en précisant les mutations temporaires

Le contrat de travail des footballeurs professionnels est régi, comme pour tout salarié, par le Code du travail et par des règles dérogatoires prévues par le « Code du sport » et la « Charte du football professionnel ». [...] Les joueurs sont liés à leur club par un contrat de travail à durée déterminée homologué par le service juridique de la Ligue de Football Professionnel.

www.agn-avocats.fr

DOC. 2 Le contrat, un outil juridique omniprésent

Le contrat constitue l'un des rouages essentiels de la vie en société. La vie des **individus** est tissée de contrats. Pour se nourrir, se loger, se vêtir, se déplacer, se soigner, chacun conclut des contrats variés : vente, bail, contrat de travail, contrat de transport, etc.
De même, les **entreprises** concluent de nombreux contrats pour fonctionner, s'équiper, etc. : prêt, mandat, crédit-bail, contrat de distribution, etc.

DOC. 3 Deux définitions essentielles

• Selon l'article 1101 du Code civil : « Le contrat est un accord de volonté entre deux ou plusieurs personnes destiné à créer, modifier, transmettre ou éteindre des obligations. »
• Une obligation est un lien de droit entre deux personnes en vertu duquel l'une d'elles, le **créancier**, peut exiger de l'autre, le **débiteur**, une **prestation** : payer un prix, travailler, réaliser un ouvrage, etc.

DOC. 4 L'offre et l'acceptation

Le contrat se forme par la rencontre d'une offre et d'une acceptation :
– l'**offre** comprend les éléments essentiels du contrat envisagé et exprime la volonté de son auteur d'être lié en cas d'acceptation. Elle peut être expresse ou tacite ;
– l'**acceptation** est l'agrément pur et simple de l'offre. Elle peut aussi être expresse ou tacite.

DOC. 5 Kylian convaincu par Ferrer

« Nous avons dû travailler deux fois plus que le Real Madrid, reconnaît Ferrer [recruteur au PSG]. Nous sommes allés chez lui, nous avons parlé avec ses proches, nous lui avons exposé le projet… Nous avons dû faire beaucoup de choses pour leur démontrer que nous le voulions vraiment, que nous allions le faire jouer [...]. Par chance, Kylian nous a crus et nous avons pu boucler le transfert. »

Fabien Borne, www.dailymercato.com

DOC. 6 Deux principes fondamentaux du droit des contrats

La liberté contractuelle. Selon l'article 1102 du Code civil : « Chacun est libre de contracter ou de ne pas contracter, de choisir son cocontractant et de déterminer le contenu et la forme du contrat dans les limites fixées par la loi. Ces libertés subissent toutefois de nombreuses exceptions comme l'obligation imposée aux conducteurs de véhicule à moteur de conclure un contrat d'assurance. »

L'article 1199 du Code civil dispose : « Le contrat ne crée d'obligations qu'entre les parties. Les tiers ne peuvent ni demander l'exécution du contrat, ni se voir contraints de l'exécuter [...]. » Cet article énonce ce que l'on appelle le principe de l'**effet relatif des contrats**.

Situation

Fin août 2017, Kylian Mbappé, révélation de la saison avec Monaco, avait rejoint le PSG en prêt avec option d'achat pour un montant de transfert record entre deux clubs français (180 millions d'euros). Le PSG avait alors accepté les demandes du joueur : 10 millions annuels sur cinq ans (nets d'impôts et de charges) ainsi que le versement de 30 000 euros mensuels pour payer le loyer et les salaires de trois employés (un agent de sécurité, un majordome et un chauffeur). Contractuellement, Kylian Mbappé sera autorisé à négocier avec un autre club 6 mois avant la fin de son contrat.

1 Qualifiez les contrats évoqués dans la situation et identifiez leurs parties Doc. 1 et fiche 6 p. 160

....

....

2 Selon vous, quels autres contrats Kylian Mbappé conclut-il dans sa vie quotidienne ? Doc. 2

....

....

3 Dans le contrat entre Kylian et le PSG, qui est créancier ? Qui est débiteur ? Doc. 3

....

4 Ces contrats sont-ils destinés à créer, modifier, transmettre ou éteindre des obligations ? Doc. 3

a. Le contrat conclu entre le PSG et Kylian Mbappé. ....

b. Le contrat par lequel le créancier efface la dette d'un de ses proches. ....

5 Dans les exemples suivants, indiquez s'il s'agit d'une offre ou d'une acceptation et si elle est expresse ou tacite. Doc. 4 et 5

a. Une personne monte dans un bus. ....

b. Un épicier expose sa marchandise et indique les prix. ....

6 La forme et le contenu du contrat entre Kylian Mbappé et le PSG sont-ils libres ? Justifiez. Doc. 1 et 6

....

....

7 En vertu de quel principe Kylian Mbappé peut-il refuser les nouvelles propositions de contrat du PSG ? Doc. 6

....

....

8 Si le PSG refusait de verser à Kylian le salaire convenu, l'Olympique de Marseille pourrait-il être contraint de le faire à sa place ? Justifiez. Doc. 6

....

....

Allez plus loin ! STMG_Droit_Term_Plus_loin_Ch01_partie1.pdf Vers PIX

2 Apprécier les conditions de validité du contrat

DOC. 7 Les conditions de validité du contrat

Selon l'article 1128 du Code civil :
« Sont nécessaires à la validité d'un contrat :
1° Le **consentement** des parties ;
2° Leur **capacité** de contracter ;
3° Un **contenu** licite et certain. »

Seules peuvent conclure un contrat les personnes disposant de la **capacité d'exercice** : en principe personnes majeures non placées sous tutelle ou curatelle.

DOC. 8 Le consentement dans la vente aux enchères

Lors d'une vente aux enchères il suffit au commissaire-priseur de prononcer le mot « adjugé » pour que le transfert de propriété soit effectif et que le prix soit dû par la personne qui a levé la main en dernier ou qui a donné un ordre d'achat par Internet ou téléphone après avoir produit une pièce d'identité et un relevé d'identité bancaire (RIB).

DOC. 9 Les vices du consentement

Le consentement des parties doit être libre et éclairé, c'est-à-dire exempt de vices.	
Erreur	**Idée fausse** que se fait un contractant sur : – une **qualité essentielle** de la prestation (origine, matière, authenticité…) ; – la **personne** (identité, qualité déterminante) lorsque le contrat est conclu en considération des qualités de cette personne (ex. : contrat de donation). Ex : Une personne achète une copie pour un tableau de maître. Ex : Une personne donne un appartement à une autre qu'elle croit être sa nièce ; or, elles ne sont pas parentes.
Dol	**Tromperie** (manœuvre, mensonge, dissimulation intentionnelle) émanant du contrat et **provoquant une erreur** sur les qualités essentielles de la prestation, sur sa valeur ou sur un simple motif du contrat. Ex : Le fait pour un garagiste de truquer le compteur kilométrique d'un véhicule.
Violence	**Menace** (d'un mal physique ou moral) injuste et illégitime émanant du cocontractant ou d'un tiers de nature à faire naître un sentiment de crainte. Ex : Pressions exercées par un homme sur un entrepreneur pour le contraindre à l'embaucher (ou à embaucher son épouse).

DOC. 10 La sanction du non-respect des conditions de validité du contrat

	Nullité relative	Nullité absolue
En cas d'**atteinte**	à un intérêt **privé** : absence de consentement, vices du consentement, incapacité.	à l'intérêt **général** : contenu illicite.
À la **demande** de	la **victime** ou son représentant (ex. : tuteur).	toute personne justifiant d'un **intérêt à agir**.
Dans un **délai** de	**5 ans** à compter, en principe, du jour où le titulaire de l'action a eu connaissance de la cause de nullité.	
Entraînant	l'**anéantissement rétroactif du contrat** : il est censé ne jamais avoir existé.	

DOC. 11 Les obligations légales imposées aux parties

- Selon l'article 1104 du Code civil, « les contrats doivent être négociés, formés et exécutés de **bonne foi** ». Dès la formation du contrat, les parties doivent faire preuve de loyauté et de coopération.
- Lorsqu'une partie connaît une **information déterminante pour le consentement** de l'autre que cette dernière ignore, elle doit l'en informer.
- Lorsqu'il existe une **inégalité de compétence** entre les parties, comme c'est le cas entre un professionnel et son client, l'obligation d'information se prolonge en un **devoir de conseil**.

Situation

Organisée aux puces du canal à Lyon, la vente aux enchères caritatives des « Légendes du sport », au profit de l'association Les Étoiles Filantes [qui soutient la recherche sur une maladie rare – le gliome infiltrant du tronc cérébral], a battu tous les records. En moins de trois heures, la centaine d'objets qui garnissaient le catalogue a recueilli 320 000 euros dans la salle et sur internet. [...] Le record de la soirée : 160 000 euros pour le maillot de l'Équipe de France de Kylian Mbappé acheté par téléphone par un acheteur anonyme.

www.lefigaro.fr, 18 septembre 2020.

9 Identifiez le contrat portant sur le maillot de l'Équipe de France de Kylian Mbappé et qualifiez-en les parties. Les conditions de validité de ce contrat sont-elles réunies ? Justifiez. Doc 7 et 8

....

....

....

10 Comment le contractant a-t-il exprimé son consentement dans les cas suivants ? Doc. 8

a. Un individu achète le maillot de l'Équipe de France de Kylian lors d'une vente aux enchères.

....

b. Un étudiant loue un appartement à un propriétaire.

....

11 Dans les cas suivants, indentifiez le vice du consentement et la sanction encourue. Doc. 9 et 10

Situation	Vice	Sanction
a. Un individu achète un Picasso lors d'une vente aux enchères et s'aperçoit qu'il s'agit d'une copie.		
b. Un homme fait donation d'un appartement à une femme qu'il pense être sa petite-fille. Il apprend plus tard que son fils n'est pas le père biologique de la jeune femme.		
c. Un employeur fait pression sur un salarié pour qu'il accepte une modification de son lieu de travail.		

12 Indiquez en quoi le contractant n'a pas respecté ses obligations légales : Doc. 11

a. Lors d'une vente aux enchères, un homme lève le bras et est déclaré adjudicataire d'un objet alors qu'il sait qu'il ne pourra pas payer le prix.

....

b. Lors de la vente d'un appartement, un propriétaire n'indique pas à l'acquéreur qu'un nouvel immeuble sera bientôt construit sur le terrain qui jouxte la copropriété.

....

c. Un homme a souscrit un forfait d'abonnement téléphonique 5G mais son mobile ne capte pas le réseau. Son opérateur ne lui a jamais donné de renseignements concernant la couverture réseau.

....

Allez plus loin ! STMG_Droit_Term_Plus_loin_Ch01_partie2.pdf Vers PIX

3 Apprécier la validité du contenu du contrat

DOC. 12 Les conditions de validité relatives au contenu du contrat

Le contrat doit avoir un contenu licite et certain.		
Il ne peut déroger à l'ordre public ni par ses **STIPULATIONS** ni par son **BUT** (objectif poursuivi par les parties).	L'obligation qu'il prévoit doit avoir pour objet une **PRESTATION** présente ou future, possible, déterminée ou déterminable.	S'il est à titre onéreux, la **CONTREPARTIE** convenue au profit de celui qui s'engage ne doit pas être **ILLUSOIRE** ou **DÉRISOIRE.**
À défaut, le contrat est frappé de nullité absolue (voir doc. 10).		

DOC. 13 Le contenu du bail d'habitation

Le contrat de location doit être établi par écrit (sous seing privé ou notarié) en autant d'exemplaires qu'il y a de parties (propriétaire, locataire, colocataires, caution…).
Il doit être conforme au contrat de bail type réglementaire (issu du décret du 29 mai 2015) et contenir un certain nombre d'informations concernant les parties, le logement, le loyer…

DOC. 14 Exemple de contrat de location d'un appartement

CONTRAT DE LOCATION

Soumis au titre Ier de la loi du 6 juillet 1989, modifiée par la loi du 24 mars 2014 […]

I. DÉSIGNATION DES PARTIES

Le présent contrat est conclu entre les soussignés :
Auguste D., domicilié au […], personne physique, désigné ci-après le Bailleur ;
Siphan M. […], désigné ci-après le Locataire.

Il a été convenu ce qui suit :
Le Bailleur loue les locaux et équipements ci-après désignés au Locataire, qui les accepte aux conditions stipulées dans le présent contrat. […]

II. OBJET DU CONTRAT

[…]

B. Description du bien
Localisation : […] Paris XVIe […]
Type d'habitat : collectif […]
Surface habitable : 600 m² […]
Destination des locaux : usage d'habitation […]
Équipements du logement : […]

IV. CONDITIONS FINANCIÈRES

A. Loyer
Loyer mensuel hors charges : XXX €/mois […]

VIII. OBLIGATIONS DU BAILLEUR

Le Bailleur est tenu des obligations suivantes :
– Remettre au Locataire un logement décent […].
– Assurer au Locataire la jouissance paisible du logement […].

IX. OBLIGATIONS DU LOCATAIRE

Le Locataire est tenu des obligations suivantes :
– Payer le loyer et les charges […].
– User paisiblement des locaux et équipements loués […].
– Prendre à sa charge l'entretien courant du logement et des équipements […].

« **Clauses** » du contrat

Situation L'attaquant du PSG a emménagé en 2017 dans un appartement de 600 m², selon Le Parisien. Un logement réparti sur deux étages, dont il est locataire. Niché au cœur du XVIe arrondissement de Paris, il se trouve à quelques minutes seulement du Parc des Princes en voiture et bénéficie d'une vaste terrasse aménagée sur le toit, avec jacuzzi à ciel ouvert. Sans oublier la vue sur la tour Eiffel.

www.businessinsider.fr, juin 2021.

13 Qualifiez le contrat évoqué dans la situation et identifiez-en les parties. Doc. 12

....

....

14 Les stipulations vous semblent-elles licites ? Justifiez. Doc. 12 à 14

....

....

15 Quel est l'objectif poursuivi par le locataire de l'appartement ? Est-il licite ? Doc. 12 et 14

....

16 Quelle est la prestation promise par le propriétaire ? Est-elle déterminée ? Doc. 12 et 14

....

17 Comment appelle-t-on la contrepartie monétaire versée ? Doc. 12 et 14

....

18 Quelle conclusion pouvez-vous tirer des réponses aux questions 14 à 17 ? Doc. 12

....

....

19 Qualifiez les contrats suivants. Quelle condition relative au contenu fait défaut ? Doc. 12

a. Contrat par lequel un homme fait une donation à un employé de banque afin qu'il commette un détournement de fonds à son bénéfice.

....

b. Contrat par lequel une femme vend à un ami une villa de luxe sur la Côte d'Azur pour 100 000 €.

....

20 Dans chacun des cas exposés à la question 19, indiquez : Doc. 12

a. qui peut avoir un intérêt à demander la nullité du contrat ;

....

....

b. à compter de quand le délai de 5 ans commence à courir.

....

....

Allez plus loin ! STMG_Droit_Term_Plus_loin_Ch01_partie3.pdf Grand oral

4 Justifier la protection accrue du consommateur

DOC. 15 Les contrats entre professionnels et consommateurs

Les consommateurs et professionnels sont principalement concernés par les **contrats de vente [de biens]** et les **contrats de prestation de service**.
Leurs relations sont encadrées par le droit de la consommation avant, pendant et après le contrat qui les lie afin de garantir une protection maximale au consommateur.

Ministère de l'Économie.

DOC. 16 L'information générale d'information précontractuelle

Selon le Code de la consommation, avant que le consommateur ne soit lié par un **contrat de vente de biens** ou **de fourniture de services**, le professionnel lui communique, de manière lisible et compréhensible, différentes informations telles que
– les **caractéristiques essentielles** du bien ou du service, le **prix** du bien ou du service ;
– en l'absence d'exécution immédiate du contrat, la **date** ou le **délai** auquel le professionnel s'engage à livrer le bien ou à exécuter le service ;
– les informations relatives à son **identité**, à ses coordonnées postales, téléphoniques et électroniques et à ses activités, etc.
En cas de litige, il appartient au professionnel de prouver qu'il a exécuté ses obligations.

DOC. 17 L'information sur les prix et conditions de vente

Article L112-1 du Code de la consommation : « Tout vendeur de produit ou tout prestataire de services informe le consommateur, par voie de marquage, d'étiquetage, d'affichage ou par tout autre procédé approprié, sur les prix et les conditions particulières de la vente et de l'exécution des services […]. »

DOC. 18 L'information spécifique sur les produits « bio »

Les règles d'étiquetage

Seuls les **produits contenant au moins 95 % d'ingrédients agricoles certifiés biologiques** peuvent comporter les termes « biologique » ou « bio » dans leur dénomination de vente, comme « purée biologique » ou « compote bio ».
S'agissant des produits composés principalement d'ingrédients issus de la chasse ou de la pêche, les mentions peuvent apparaître dans la dénomination de vente mais en regard des ingrédients biologiques (exemple : pâté de sanglier avec la mention « avec des herbes biologiques » au niveau de la dénomination de vente).
En dessous de 95 %, les termes « biologique » ou « bio » ne peuvent apparaître qu'au niveau de la liste des ingrédients.

Ministère de l'Économie.

Situation

Dynamique challenger du babyfood, Good Goût ambitionne de devenir la référence des produits bio pour enfants avec Kidz. Pour ce faire, la marque a frappé très très fort en s'offrant comme égérie la star du foot Kylian Mbappé. [...] Initiée avec des compotes, galettes de riz et biscuits, la gamme Kidz ciblant les enfants s'étend aujourd'hui au cœur de repas avec trois mélanges tendances de céréales et légumineuses.

lineaires.com, 25 avril 2019.

21 Lorsqu'un consommateur achète des produits Good Goût au supermarché, comment le contrat se forme-t-il entre les parties ? Doc. 15

....

22 Ce contrat est-il un contrat de fourniture de biens ou de prestation de services ? Doc. 15

....

23 Indiquez si les contrats entre professionnels et consommateurs suivants sont des contrats de fourniture de biens ou de prestation de services. Doc. 15

Situation	Fourniture de biens	Prestation de services
a. La location d'une voiture chez Sixt.		
b. L'achat d'un véhicule chez un concessionnaire.		
c. L'abonnement à une salle de sport.		

24 Listez les informations que l'entreprise Good Goût doit fournir à ses clients. Dans quel but ?
Doc. 16 et 18

....

....

25 Quelle autre information essentielle le supermarché doit-il fournir aux clients ? Doc. 17

....

26 Dans chacun des cas suivants, indiquez quelle obligation légale n'est pas respectée par le professionnel. Doc. 16 et 17

a. Dans une boutique de prêt-à-porter, plusieurs vêtements ne comportent pas d'étiquette.

....

b. Un contrat de location de véhicule ne comporte pas les coordonnées du loueur.

....

c. Un contrat d'assurance ne précise pas la nature des risques garantis.

....

d. Un contrat de vente d'un véhicule neuf ne contient pas de date de livraison du véhicule.

....

Allez plus loin ! STMG_Droit_Term_Plus_loin_Ch01_partie4.pdf

5 Justifier la protection accrue du cyberconsommateur

DOC. 19 La dématérialisation du contrat de consommation

Conçu pour réguler les relations juridiques entre des personnes, le droit des contrats s'est adapté au développement de la consommation de masse et plus récemment de la consommation à distance. La dématérialisation du contrat nécessite une protection accrue du « cyberconsommateur ». Le cybervendeur voit ainsi ses obligations renforcées.

DOC. 20 L'obligation d'information propre à l'e-commerce

Outre les informations que tout professionnel doit communiquer au consommateur (doc. 17), lorsque le contrat est conclu à distance, le professionnel doit fournir des **informations supplémentaires** au consommateur et notamment, lorsque le **droit de rétractation** existe, les **conditions**, le **délai** et les **modalités d'exercice** de ce droit ainsi que le formulaire type de rétractation.

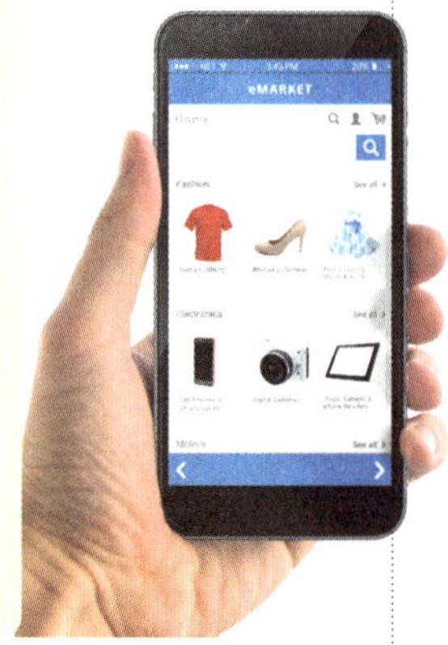

DOC. 21 La règle du double-clic (selon l'article 1127-2 du Code civil)

Le client internaute doit pouvoir vérifier sa commande, notamment le détail et le prix et, si nécessaire, la corriger. Il valide et/ou corrige sa commande (**premier clic**).

→

Le client doit ensuite confirmer sa commande avant le paiement (**deuxième clic**). Le contrat est conclu.

DOC. 22 L'accusé de réception de la commande

Une fois la commande réalisée, le cybermarchand doit accuser réception sans délai et par voie électronique de la commande qui lui a été ainsi adressée. Cette procédure garantit que la commande a bien été enregistrée. Il peut s'agir d'une page apparaissant à l'écran à imprimer ou d'un courriel récapitulatif. L'accusé de réception est considéré comme reçu lorsque le cyberacheteur peut y avoir accès (selon l'article 1127-2 du Code civil).

DOC. 23 Le droit de rétractation pour un achat en ligne

Le cyberconsommateur peut **changer d'avis** dans les **14 jours***

↓

OU
- de la **conclusion** du contrat de prestation de service
- de la **réception du bien** dans les contrats de vente

↓

ET
- en informant le professionnel de sa décision par l'envoi du formulaire de rétractation (éventuellement rempli en ligne)
- en renvoyant, en principe à ses frais, le bien au professionnel au plus tard dans les 14 jours suivants

↓

afin d'obtenir le **remboursement** des sommes versées (frais de livraison compris) en principe au plus tard dans les 14 jours suivants.

* Lorsque les informations relatives au droit de rétractation n'ont pas été fournies au consommateur, le délai de rétractation est prolongé de 12 mois à compter de l'expiration du délai de rétractation initial (article L221-20 du Code de la consommation).

Situation

En mai 2018, du haut de ses 19 ans, l'international français [avait] annoncé le lancement de son propre site Internet – kylianmbappe.com – dans les locaux de son équipementier Nike, dans le VIIIe arrondissement de Paris. « J'ai créé ce site Internet pour être au contact de mes fans », assurait-il alors, selon *Le Parisien*. Et de poursuivre : « Leur soutien est important. Si je suis ce que je suis c'est grâce à mes fans. »

www.businessinsider.fr, juin 2021.

27 Qualifiez le contrat conclu par les clients du site de vente en ligne de Kylian. ▸ Doc. 19

....

28 Quels risques les achats en ligne présentent-ils pour le consommateur par rapport à un achat en boutique ? ▸ Doc. 19

....

....

....

29 Selon la loi, quelles informations un site marchand doit-il mettre à la disposition des clients ? ▸ Doc. 19 et 20

....

....

30 Vérifiez que le site marchand de Kylian respecte l'obligation relative à l'information du cyberconsommateur. ▸ Doc. 19 et 20

....

....

31 Comment le contrat se forme-t-il entre les parties ? ▸ Doc. 21 et 22

....

32 La formation du contrat est-elle plus encadrée que lors d'un achat en boutique ? Pourquoi ? ▸ Doc. 21 et 22

....

....

33 Quelle faculté légale permet aux clients de retourner les produits achetés ? Selon quelles modalités ? ▸ Doc. 23

....

....

....

34 Qui supporte les frais de retour ? ▸ Doc. 23

....

Allez plus loin ! STMG_Droit_Term_Plus_loin_Ch01_partie5.pdf ▸ Vers PIX

Applications

1 Testez vos connaissances

Répondez par vrai ou par faux aux propositions suivantes.

1. Seules les entreprises, et non les individus, concluent des contrats.
   ☐ Vrai ☐ Faux
2. L'obligation contractuelle permet au débiteur d'exiger une prestation du créancier.
   ☐ Vrai ☐ Faux
3. L'offre et l'acceptation sont toujours expresses.
   ☐ Vrai ☐ Faux
4. Un contractant déloyal n'est pas de bonne foi.
   ☐ Vrai ☐ Faux
5. L'action en nullité doit être intentée dans les 5 ans de la conclusion du contrat.
   ☐ Vrai ☐ Faux
6. La dissimulation par un contractant d'une information essentielle peut entraîner la nullité du contrat.
   ☐ Vrai ☐ Faux
7. Un contrat contenant des stipulations illicites encourt la nullité absolue.
   ☐ Vrai ☐ Faux
8. Un professionnel doit uniquement informer le consommateur sur le prix du bien ou de la prestation.
   ☐ Vrai ☐ Faux
9. Le cyberconsommateur bénéficie d'un droit de rétractation pendant 7 jours.
   ☐ Vrai ☐ Faux

2 Identifier l'obligation de conseil

★

Dans le cadre d'une vente en l'état futur d'achèvement (VEFA dite « vente sur plan »), des acquéreurs obtiennent du promoteur la dépose et le remplacement du parquet de l'appartement. Se plaignant de désordres affectant le nouveau parquet, ils assignent le promoteur qui met en cause la responsabilité contractuelle de l'entrepreneur chargé de la pose des parquets pour manquement à son devoir de conseil. La cour d'appel rejette la demande du promoteur au motif que le choix du modèle du parquet provenait de son fait exclusif et qu'aucun défaut de pose ou d'exécution n'était imputable à l'entrepreneur, spécialiste des sols.

1. Identifiez le contrat litigieux et qualifiez-en les parties.
2. En quoi consistait l'obligation de conseil pour son débiteur ?
3. Selon la Cour de cassation, a-t-elle été respectée ?

DOC. D'après l'arrêt de la Cour de cassation du 15 avril 2021

La Cour de cassation reproche à la cour d'appel de Versailles de ne pas avoir recherché si l'entrepreneur n'avait pas manqué à son devoir d'information et de conseil sur le parquet choisi au regard de l'usage auquel il était destiné d'autant qu'il était constaté que le parquet se dégradait anormalement vite et était inadapté aux lieux de vie considérés. La cour d'appel ne pouvait pas exonérer l'entrepreneur de son obligation de conseil au motif que le choix du modèle lui avait été imposé par le promoteur.

3 Qualifier un contrat et ses parties

★

1. Qualifiez le contrat, présenté dans le document, et ses parties.
2. Ce contrat prévoit-il une prestation ou une abstention ?
3. Selon vous, comment l'offre et l'acceptation se sont-elles rencontrées ?
4. M. Patrick B. était-il obligé de conclure ce contrat avec Mme Louisa P. ? Justifiez.

DOC. Contrat (extrait)

CONTRAT DE TRAVAIL À DURÉE DÉTERMINÉE À TEMPS COMPLET POUR ACCROISSEMENT TEMPORAIRE D'ACTIVITÉ

Entre les soussignés :
La SAS [redacted]
Dont le siège social est situé [redacted]
SIRET : 3 [redacted] 49
NAF : 5629 A
Représentée par Monsieur Patrick B[redacted],
agissant en qualité de Président

D'une part,

Et
Madame Louisa P[redacted]
Née le 12 mai 1989 à Cassis (Bouches-du-Rhône)
De nationalité française
Immatriculé à la Sécurité sociale sous le n° [redacted]
Demeurant [redacted]
Titulaire du permis de conduire en cours de validité n° [redacted]

D'autre part […]

4 Identifier un vice du consentement et sa sanction

★★

La société SCI Yes Immo Invest assigne en justice la société Financière Lord Byron pour vice du consentement suite à la signature d'une promesse de vente portant sur un immeuble dont certains locaux étaient loués.

1. Qualifiez le contrat conclu le 31 mars 2015 par la SCI Yes Immo Invest et qualifiez les parties.
2. Pourquoi la SCI agit-elle en justice contre la société Financière Lord Byron ?
3. La cour d'appel de Paris fait-elle droit à la demande de la SCI ? Pour quel motif ?
4. Expliquez cette solution, validée par la Cour de cassation.
5. Quelle sanction est prononcée contre la société Financière Lord Byron ? Quelle autre sanction la SCI aurait-elle pu demander ?

DOC. Cour de cassation, arrêt du 16 septembre 2021

Faits et procédure

1. Selon l'arrêt attaqué (Paris, 7 février 2020), le 24 décembre 2014, la société Lips, aux droits de laquelle se trouve la société Financière Lord Byron, a conclu, au bénéfice de la société civile immobilière Yes Immo Invest (la SCI Yes Immo Invest), une promesse de vente portant sur un immeuble dont certains locaux étaient loués.
2. L'acte de vente a été conclu le 31 mars 2015 moyennant le prix de 2 352 000 euros.
3. S'estimant victime d'un dol de la part de la société venderesse relatif à la situation financière de l'un des locataires, la SCI Yes Immo Invest a assigné la société Financière Lord Byron en paiement de dommages et intérêts. […]

Réponse de la Cour […]

6. Ayant retenu, par une interprétation souveraine de la volonté des parties, qu'il résultait des termes de la promesse et de l'acte de vente que la situation locative de l'immeuble avait été érigée en élément déterminant du consentement des parties, elle en a fait, à bon droit, l'appréciation au jour de la vente définitive.
7. Elle a retenu que la SCI Yes Immo Invest rapportait la preuve que la venderesse avait eu connaissance, durant la période de « transfert », du fait que la société Rêveries sucrées, locataire, était confrontée à des difficultés financières importantes et qu'elle souhaitait mettre fin au bail portant sur un lot et obtenir une diminution du loyer sur deux autres lots faute de quoi elle ne reconduirait pas les baux.
8. Elle a relevé que le montant des loyers annuels versés par cette société s'élevait à près de la moitié des loyers de l'immeuble vendu et que la venderesse n'avait pas porté ces éléments d'information à la connaissance de l'acquéreur, se bornant à lui adresser un courriel rassurant faisant état d'un process classique de recouvrement des loyers dus par le locataire.
9. Ayant ainsi caractérisé le caractère intentionnel du défaut d'information, la cour d'appel […] a retenu que celui-ci constituait une réticence dolosive ayant entraîné, pour la SCI Yes Immo Invest, un préjudice résidant dans la perte de chance d'obtenir une diminution du prix de vente, dont elle a souverainement apprécié le montant.
10. Le moyen n'est donc pas fondé.

PAR CES MOTIFS, la Cour : REJETTE le pourvoi ; […]

5 Distinguer nullité relative et nullité absolue

★

1. Dans les cas suivants, après avoir qualifié le contrat litigieux, vous indiquerez quel type de nullité est encouru et qui peut agir en justice pour la demander.
   a. Un candidat se présente à un entretien d'embauche avec un CV falsifié. Il est embauché.
   b. Un majeur sous tutelle signe seul un compromis de vente pour l'acquisition d'un appartement.
   c. Un professionnel loue un espace commercial pour vendre des espèces animales protégées.
2. Dans chaque cas, indiquez si l'anéantissement du contrat est rétroactif.
3. La rétroactivité de l'anéantissement a-t-elle un rapport avec le type de nullité ? Justifiez.

DOC.

Le principal effet de la nullité est la rétroactivité. Par rétroactivité, il faut comprendre que le contrat est censé n'avoir jamais existé. Si le contrat a été exécuté, il faudra procéder à des restitutions (du prix de vente, par exemple).
Cette restitution sera parfois impossible. Ainsi, si un bail est annulé, le locataire ne pourra pas « rendre » l'occupation qu'il a faite de l'appartement pendant quelques mois.

6 Justifier la protection accrue du consommateur

★★

1. Le contrat entre Airbnb et les utilisateurs de la plateforme est-il un contrat de vente de bien ou de prestation de service ?
2. Quelle obligation du professionnel spécifique à l'e-commerce n'a pas été respectée par la plateforme ?

DOC **Condamnation d'Airbnb pour défaut d'information du consommateur**

La Répression des fraudes hausse le ton face au géant de la location touristique entre particuliers. Airbnb s'est vu infliger une amende de 300 000 euros pour ne pas avoir informé suffisamment le consommateur, en particulier sur son droit de rétractation, lorsqu'il utilise ses services, annonce un communiqué de l'organisme diffusé mardi 3 août. Cette amende administrative a été adressée à la société Airbnb Ireland Unlimited Company, pour *« non-respect de la réglementation prévue par le Code de la consommation applicable aux opérateurs de plateformes numériques ». […]* Les contrôles [réalisés par la Direction générale de la concurrence, de la consommation et de la répression des fraudes (DGCCRF)] ont montré *« l'absence d'informations relatives, pour chaque annonce, à la qualité de l'offreur (professionnel ou particulier), aux dispositions du Code de la consommation sur le droit de rétractation et celles du Code civil en matière de droit des obligations et de responsabilité civile »*, déclare la Répression des fraudes.

www.francetvinfo.fr, août 2021.

L'exécution du contrat

2

Capacités

- Repérer et qualifier les obligations contractuelles de chacune des parties.
- Qualifier une clause contractuelle.
- Identifier les sanctions applicables en cas d'inexécution d'un contrat.

Vers PIX

D.1.1. - Mener une recherche et une veille d'information

Avant la clas

Vidéo : « Free, SFR, B gues, Orange… Les opérateurs dont l clients se plaignent le plus » – Capital
liennathan.fr/qy5 9

- **Quel type de contr st évoqué dans la vidéo ?**
- **Les opérateurs télé niques respectent-ils leurs engagements**

Situation

Des contrats parfois non conformes à la loi

Les géants d'Internet et de la téléphonie sont régulièrement épinglés par la justice en raison de leurs contrats. Soit parce que ceux-ci présentent des irrégularités dans leur rédaction, soit parce qu'ils ne sont pas respectés.

L'Autorité des télécoms nquiète des pratiques des opér urs dans la fibre

67 % des consommateurs c déclaré avoir rencontré un problème avec leur four sseur d'accès à Internet fixe ou leur opérateur m ile, révèle un sondage réalisé par l'Arcep*. Les pc s de crispation restent la qualité de service, la fa uration et la fibre. […]

* Autorité de régulation de mmunications électroniques et des Postes.

Elsa Bembo , *Le Figaro*, 4 février 2020.

1 Repérer et qualifier les obligations contractuelles des parties

DOC. 1 Le contrat, créateur d'obligations contractuelles

Les contrats légalement formés
- **créent** des obligations contractuelles.
- **ne doivent pas créer** un déséquilibre significatif entre les droits et obligations des parties = **clauses abusives.**

DOC. 2 La variété des obligations contractuelles

Les obligations contractuelles étant un effet du contrat, les contrats de même type (ex. : vente) produisent des obligations principales de même type (ex. : livrer le bien, payer le bien). À ces obligations principales qui caractérisent le contrat, s'ajoutent d'autres obligations.

Contrat	Obligations principales	Exemples d'autres obligations
Contrat de vente d'une maison	– Livrer le bien (remettre les clés). – Payer le prix.	Pour le vendeur, garantir les vices cachés.
Contrat de location d'un appartement	– Permettre un usage paisible du bien. – Payer le loyer.	Pour le bailleur, remettre une quittance de loyer.
Contrat de travail	– Travailler. – Verser le salaire.	Pour l'employeur, garantir la sécurité du salarié.

DOC. 3 Conditions générales d'abonnement mobile Free (extraits)

Le contrat est constitué des présentes Conditions Générales d'Abonnement [et] des Conditions Spécifiques […]. L'ensemble de ces documents est porté à la connaissance et remis à l'abonné à l'occasion de sa souscription.

ARTICLE 1. SERVICE

Le service de Free Mobile (« Service ») permet un accès à un service mobile et à des services accessoires ou optionnels dans les zones couvertes par son réseau et celui de ses opérateurs partenaires, avec un mobile compatible et à l'aide d'une SIM Free Mobile […].

ARTICLE 3. CONDITIONS FINANCIÈRES […]

Les sommes dues par l'abonné au titre du Contrat font l'objet de factures émises mensuellement […] envoyées à l'abonné sur un support dématérialisé (facture par e-mail) […].

ARTICLE 4. OBLIGATIONS DE L'ABONNÉ

[…] L'abonné s'engage à communiquer et mettre à jour pendant la durée du Contrat ses informations d'identification et coordonnées bancaires exactes à Free Mobile […]. L'abonné s'engage à utiliser le Service conformément à l'usage pour lequel il a été défini et commercialisé. […]

http://mobile.free.fr

DOC. 4 Les clauses abusives

Selon l'article L212-1 du Code de la consommation, dans les contrats conclus entre professionnels et consommateurs[1], sont abusives les clauses qui ont pour objet ou pour effet de créer, au détriment du consommateur, un **déséquilibre significatif entre les droits et obligations des parties au contrat**. Par exemple, le professionnel se réserve le droit de modifier unilatéralement les clauses du contrat relatives à sa durée, au prix, etc. […] Ces clauses sont réputées non écrites : elles sont considérées comme inexistantes mais le reste du contrat subsiste.

www.clauses-abusives.fr

En outre, l'article 1171 du Code civil généralise le mécanisme de sanction des clauses abusives aux contrats d'adhésion[2] entre toute personne physique et morale lorsqu'une clause non négociable, déterminée à l'avance par l'une des parties, crée un déséquilibre significatif entre les droits et parties au contrat.

1. Les réseaux sociaux comme Facebook et leurs utilisateurs sont considérés comme professionnels et consommateurs bien que le service soit gratuit. **2.** Le contrat d'adhésion comporte un ensemble de clauses non négociables, déterminées à l'avance par l'une des parties.

Situation Le forfait mobile Série Free 80 Go est en ce moment à 10,99 euros par mois pendant 1 an jusqu'au 2 novembre, sur le site de Free Mobile. Souscrivez dès à présent pour profiter de l'offre.

www.capital.fr, octobre 2021.

1 Qualifiez le contrat proposé par Free dans la situation, en indiquant sa nature. Doc. 1 et 2

....

2 Si ce contrat est conclu, identifiez les obligations de chacune des parties. Doc. 3

....

....

3 Dans les contrats suivants, indiquez les obligations principales des parties. Doc. 2

a. Contrat entre la société Air France et les passagers de ses vols.

....

b. Contrat de location de voiture conclu sur OuiCar (location entre particuliers).

....

c. Contrat entre la société EDF et ses clients.

....

Situation En définitive, Apple a fait appel d'un jugement rendu en juin dernier par le Tribunal judiciaire de Paris à la suite d'une plainte de 2016 de l'association UFC-Que Choisir. [...] Apple avait été condamnée pour certaines des clauses d'Apple Music jugées abusives. [...] UFC-Que Choisir s'attendait à ce que l'affaire en reste là puisque des procédures similaires entamées contre Twitter, Google et Facebook s'étaient soldées par une victoire de l'association, sans que ces groupes ne fassent appel.
Ont notamment été jugées abusives les clauses autorisant Apple Music à récupérer plusieurs informations personnelles sans obtenir le consentement explicite de ses utilisateurs et la clause lui permettant d'utiliser les commentaires et autres contenus produits par les utilisateurs dans le monde entier, gratuitement et perpétuellement.

www.macg.co, mars 2021.

4 Qualifiez le contrat évoqué dans la situation ainsi que ses parties. Doc. 4

....

5 Dans les cas suivants, indiquez en quoi les clauses sont abusives. Doc. 4

a. Clause permettant à Apple Music d'utiliser les contenus produits par les utilisateurs dans le monde entier, gratuitement et perpétuellement.

....

b. Clause des conditions générales d'abonnement de Free obligeant le consommateur à régler sa facture même si le service est interrompu durant 48 h maximum.

....

c. Clause d'un bail d'habitation autorisant le propriétaire à supprimer, sans contrepartie équivalente, des prestations prévues au contrat.

....

Allez plus loin ! STMG_Droit_Term_Plus_loin_Ch02_partie1.pdf Vers PIX

2 Identifier l'exécution du contrat et les différents cas d'inexécution

DOC. 5 La force obligatoire du contrat

Article 1103 du Code civil : « Les **contrats** […] tiennent lieu de loi à ceux qui les ont faits. »

Principe de la force obligatoire : le contrat doit être exécuté… → … mais, en pratique, il arrive que les parties n'exécutent pas leurs obligations. → SANCTIONS

DOC. 6 Conséquence de la force obligatoire du contrat

Principe : le contrat ne peut être modifié ou révoqué que du consentement mutuel des parties (article 1193 du Code civil).
Exception : dans certains cas, la **loi** autorise l'une des parties à mettre fin à ses engagements.
– C'est le cas dans les **contrats à durée indéterminée** sous réserve, pour les parties, de respecter un préavis (ou un délai raisonnable).
Ex. : le salarié peut rompre le contrat de travail en démissionnant, à condition de respecter un préavis.
– C'est aussi le cas dans **certains contrats à durée déterminée** en raison de leur **nature**.
Ex. : le bail d'habitation peut être rompu par le locataire à tout moment, dès lors qu'il respecte un préavis.
Ex. : le contrat d'abonnement mobile conclu pour une période de 2 ans peut être résilié – par l'abonné seulement – dès le 13e mois d'abonnement : l'indemnité de résiliation s'élève à 25 % du montant des mensualités restant dues.

DOC. 7 Conditions générales pour les services mobiles et fixes (extraits)

5.2 Résiliation* à l'initiative du Client
Le Client peut résilier son contrat par courrier recommandé avec un préavis de 10 jours après réception de la demande par le Service Client. Le Client devra alors payer l'intégralité des sommes restant dues jusqu'au terme de la première année d'engagement, et au-delà, pour les Clients mobiles engagés pour une période minimale de 24 mois, un quart des redevances restantes jusqu'au terme de son engagement.

Conditions générales de SFR.

* Le terme « résiliation » est utilisé dans son sens courant pour désigner l'action de mettre fin au contrat (ex. : un locataire met fin à son bail d'habitation parce qu'il est muté dans une autre ville et doit déménager).

DOC. 8 Les différentes formes d'inexécution du contrat

L'inexécution de l'obligation peut prendre trois formes :
– l'inexécution **totale** ;
Ex. : un transporteur ne livre pas le colis qui lui a été confié.
– l'exécution **partielle** ou **imparfaite** ;
Ex. : un transporteur ne livre qu'une partie des colis confiés ou livre des colis abîmés.
– le **retard** dans l'exécution.
Ex. : un emprunteur ne rembourse pas la somme empruntée à l'échéance.

Situation Tous les ans, Resilier.com dévoile son observatoire des résiliations [élaboré] à partir des lettres envoyées en recommandé avec accusé de réception [...]. Globalement, l'insatisfaction du service client est présentée comme le motif principal menant à une rupture totale avec son opérateur [de téléphonie]. [...] Le démarchage téléphonique intempestif déclenche également de nombreux désabonnements.

www.universfreebox.com, février 2021.

6 Qualifiez le type de contrat, évoqué dans la situation, et ses parties. Situation

....

....

7 Si les conditions de validité du contrat ont bien été respectées lors de sa formation, quelle valeur le contrat a-t-il entre les parties ? Doc. 5

....

8 Les opérateurs de téléphonie mobile peuvent-ils résilier sans motif les contrats conclus avec leurs clients ? Pourquoi ? Doc. 6

....

....

9 Un client peut-il résilier son contrat sans motif avant l'expiration de l'abonnement ? Expliquez. Doc. 6 et 7

....

....

Situation Décidément, le mois d'octobre [2021] a été marqué par les pannes à répétition. Après Bouygues Telecom au début du mois, puis SFR et Orange, c'est une nouvelle fois au tour des infrastructures SFR de flancher. En effet, depuis ce mardi 26 octobre à 14 h, des abonnés situés aux quatre coins de la France rencontrent de sérieuses difficultés pour se connecter à Internet ou pour passer des appels avec leur mobile.

www.phonandroid.com, octobre 2021.

10 Quel type d'inexécution du contrat est évoqué dans la situation ? Doc. 8

....

11 Dans les cas suivants, identifiez le type d'inexécution dont il s'agit. Doc. 8

a. Un transporteur perd un colis confié par un client.

....

b. Un locataire paye son loyer le 25 du mois alors que le bail prévoit un paiement le 5 du mois.

....

c. Une cliente commande un parfum. À la livraison, le flacon est ébréché et à moitié vide.

....

Allez plus loin ! STMG_Droit_Term_Plus_loin_Ch02_partie2.pdf Vers PIX

3 Identifier les sanctions applicables en cas d'inexécution d'un contrat

DOC. 9 Les sanctions de l'inexécution du contrat

Il résulte de l'article 1217 du Code civil, qu'en cas d'inexécution de ses obligations par un contractant, l'autre partie dispose d'un choix de sanctions parmi :
– l'**exception d'inexécution** : c'est le refus ou la suspension de sa propre obligation (si elle n'est pas encore exécutée) ;
– l'**exécution forcée** : par exemple, la saisie ou l'injonction de faire ;
– la **réduction** de prix ;
– la **résolution** du contrat : elle met fin au contrat et entraîne, en principe, la restitution des prestations* fournies. Elle peut être prévue dans une **clause résolutoire** ;
– l'obtention de **dommages-intérêts** en réparation des conséquences de l'inexécution (perte ou manque à gagner) : parfois prévue dans une **clause pénale**.

* Lorsque les prestations ont été utiles à l'autre partie, il n'y a pas restitution de ces prestations. La résolution du contrat est alors qualifiée de « résiliation ».

DOC. 10 La clause résolutoire

La clause résolutoire prévoit qu'en cas de manquement à une obligation contractuelle de l'une des parties, le contrat sera résolu de plein droit, c'est-à-dire automatiquement.

Conditions générales – Services mobiles et fixes
5.2 Résiliation à l'initiative du Client
Le Client peut résilier le contrat avant la fin de la période d'abonnement, sans paiement de redevances restant à courir jusqu'à la fin de la période minimale d'engagement dans les cas suivants :
– lorsque le Service Principal mobile est inaccessible depuis son domicile ou son lieu de travail [...].
5.3 Résiliation à l'initiative du Fournisseur
Le Fournisseur peut résilier le Contrat du Client sans qu'il ne puisse prétendre à une indemnisation, dans les cas suivants :
– fausse déclaration du Client concernant le contrat, la résiliation pouvant intervenir immédiatement après en avoir avisé le Client,
– manquement du Client à l'une de ses obligations,
– non-paiement par le Client des sommes dues au Fournisseur, après mise en demeure restée sans effet.

DOC. 11 La mise en demeure

La mise en demeure est une lettre adressée par le créancier à son débiteur afin de lui **demander d'exécuter ses obligations** dans un **délai précis**. Elle indique qu'à défaut d'exécution, le créancier engagera des poursuites **judiciaires**.

DOC. 12 La clause pénale

La clause pénale prévoit le versement d'une indemnité fixée à l'avance en cas d'inexécution de ses obligations par une partie. Elle évite au créancier d'avoir à prouver en justice le défaut d'exécution de ses obligations par le créancier.

Elle est interdite dans certains contrats (ex. : contrat de travail). Dans les contrats de consommation, elle ne doit pas imposer au consommateur qui n'exécute pas ses obligations une indemnité disproportionnée (si c'est le cas, elle est abusive).

Compromis de vente*
[...] Au cas où l'une quelconque des parties après avoir été mise en demeure ne régulariserait pas l'acte authentique et ne satisferait pas aux obligations alors exigibles, elle devra verser à l'autre partie une somme égale à DIX POUR CENT (10 %) du prix de vente [...].

* La vente d'un bien immobilier se conclut en deux temps : signature d'un compromis de vente qui engage les parties, puis confirmation de la vente par la signature de l'acte authentique chez le notaire.

Situation

Bonjour, Par Octavius >18 novembre 2021

Depuis le 21 octobre dernier, il y a une panne Internet et téléphone à mon domicile. J'ai, bien sûr, contacté le 3247 pour signaler cette panne. Un ticket d'incident a été ouvert. Depuis, il ne se passe rien ! Cela fait trois fois qu'ils font la même procédure (vérification du nœud de raccordement puis demande de vérification à l'opérateur historique) mais chaque bilan finit toujours par : aucune anomalie détectée. [...]
La semaine passée, une personne a appelé sur mon portable pour m'assurer que les techniciens faisaient tout pour rétablir la ligne au plus vite (j'en doute fort !) et que, bien sûr, ma facture serait allégée des jours sans connexion. Or, je viens de découvrir que ma facture reste aussi élevée et qu'aucun jour n'a été déduit.
J'aimerais donc savoir ce que je peux faire pour :
- les contraindre à rétablir la ligne et ne plus faire ces procédures qui ne servent à rien ?
- leur demander de rembourser les jours non connectés ?
Peut-on également leur demander des dommages et intérêts, puisque j'ai besoin d'Internet pour travailler et que je dois utiliser ma connexion mobile pour le faire ?

Merci de votre aide précieuse.

www.forum-conso.org, octobre 2021.

12 Quelles sanctions le client souhaite-t-il obtenir ? Doc. 9

....

13 Laquelle de ces sanctions doit être précédée d'une démarche préalable ? Précisez. Doc. 9 et 11

....

14 Quelle autre sanction prévue au contrat pouvez-vous suggérer au client ? Doc. 9 et 10

....

15 Dans les cas suivants, quelle(s) sanction(s) de l'inexécution du contrat vous semble(nt) la(les) plus adaptée(s) pour le contractant ? Justifiez. Doc. 9, 10 et 12

a. Un client ne paie pas les sommes dues à SFR.

....

b. Un maçon n'achève pas les travaux commandés et payés par son client.

....

c. Un artiste informe la salle de spectacle qu'il ne pourra pas assurer le spectacle.

....

d. Le vendeur d'un appartement refuse de signer l'acte notarié alors qu'il s'est engagé à vendre le bien à l'acquéreur par la signature du compromis.

....

16 Un salarié peut-il se voir infliger une pénalité de 100 euros en cas de retard en vertu d'une clause pénale ? Doc. 12

....

....

Allez plus loin !

STMG_Droit_Term_Plus_loin_Ch02_partie3.pdf Vers PIX

Applications

1 Testez vos connaissances

Répondez par vrai ou par faux aux propositions suivantes.

1. Le contrat légalement formé fait naître des obligations à la charge des parties.
   ☐ Vrai ☐ Faux
2. Les clauses abusives créent un déséquilibre significatif entre les obligations des parties.
   ☐ Vrai ☐ Faux
3. Un contrat peut toujours être modifié ou révoqué par une seule des parties.
   ☐ Vrai ☐ Faux
4. Seule une inexécution totale du contrat par une partie permet à l'autre d'obtenir une sanction.
   ☐ Vrai ☐ Faux
5. Plusieurs types de sanctions existent en cas d'inexécution du contrat.
   ☐ Vrai ☐ Faux
6. La mise en demeure est facultative avant d'agir en justice pour obtenir l'exécution du contrat.
   ☐ Vrai ☐ Faux
7. La résolution est une sanction qui peut être prévue au contrat.
   ☐ Vrai ☐ Faux
8. La clause pénale peut permettre d'éviter un recours en justice pour obtenir une indemnisation en cas d'inexécution du contrat.
   ☐ Vrai ☐ Faux

2 Qualifier les obligations contractuelles

★

1. Qualifiez le contrat et ses parties.
2. Repérez et qualifiez les obligations contractuelles de chacune des parties.

DOC. Bail commercial (extrait)

Le présent contrat est conclu entre les soussignés :
Jean-Michel ROY [...], désigné ci-après « le bailleur » ;
La société KARA [...], désignée ci-après « le preneur », représentée par Monsieur BU [...]
Lesquels conviennent ce qui suit :
Le bailleur donne à bail commercial, conformément aux articles L145-1 et suivant du Code de commerce, au preneur qui accepte, les locaux dont la désignation suit :

DÉSIGNATION

Dans un immeuble sis à NICE (06), 23 avenue Jean-Médecin, un magasin situé au rez-de-chaussée, comprenant [...].

DURÉE

Le présent bail est conclu pour une durée de NEUF années entières et consécutives et commencera à courir le 4 février 2022 [...].

DROIT AU RENOUVELLEMENT

Le preneur bénéficiera du droit au renouvellement et du droit à se maintenir dans les lieux à l'expiration du bail sous réserve du respect des présentes [...].

DESTINATION DES LIEUX LOUÉS

Les locaux faisant l'objet du présent bail devront être consacrés par le preneur à l'exploitation des activités ci-après, à l'exclusion de toute autre [...] : bijouterie [...].

CHARGES ET CONDITIONS

Le preneur devra entretenir les lieux loués constamment en bon état de réparations locatives et d'entretien [...].
Le bailleur ne sera tenu que des grosses réparations [...].
Le preneur devra jouir des lieux en se conformant à l'usage et au règlement de l'immeuble [...].
Le preneur souscrira les garanties d'assurance indiquées ci-après et les maintiendra durant toute la durée des présentes [...].
Le preneur ne pourra sous-louer les lieux sans le consentement du bailleur [...] sous peine de nullité des sous-locations consenties au mépris de cette clause, et même de résiliation des présentes. [...]

LOYER

Le présent bail est consenti et accepté moyennant un loyer annuel de QUARANTE-CINQ MILLE EUROS (45 000 €) hors taxes, TVA et charges en sus.
Le loyer hors taxes, la TVA et les accessoires seront payés par le preneur qui s'y oblige au bailleur mensuellement et d'avance au 1er jour de chaque mois [...].

3 Identifier une clause abusive

★★

L'association Union fédérale des consommateurs – Que Choisir (UFC) a assigné la société GDF Suez, devenue Engie, en suppression de clauses abusives contenues dans ses conditions générales de vente de gaz naturel.
La Cour de cassation a rendu sa décision le 26 septembre 2019.

1. Qualifiez le contrat et ses parties et identifiez leurs obligations principales.
2. Quel est le contenu de la clause dont l'UFC estime qu'elle est abusive ?
3. Pourquoi la cour d'appel ne considère-t-elle pas cette clause comme abusive ?
4. Qu'en pense la Cour de cassation ?

DOC. Arrêt de la Cour de cassation du 26 septembre 2019 (extrait)

Attendu que, pour valider l'article 7.1 des conditions générales de vente de juin 2014, octobre 2015 et janvier 2016, et rejeter en conséquence les demandes indemnitaires de l'UFC, l'arrêt retient que le défaut de réciprocité de la pénalité infligée au consommateur en cas de retard de paiement ne crée aucun déséquilibre significatif à son détriment, dès lors que la société n'a pas la maîtrise du réseau de distribution, qu'elle subit d'importantes contraintes techniques et que la pénalité infligée au client apparaît modérée ;

Qu'en statuant ainsi, alors que la pénalité encourue par le consommateur en cas de retard de paiement ne s'accompagnait d'aucune pénalité réciproque en cas de manquement de la société à son obligation principale de fourniture d'énergie, peu important son défaut de maîtrise du réseau de distribution, l'ampleur de ses contraintes techniques et la modicité de la pénalité infligée au consommateur, la cour d'appel a violé les textes susvisés ;

PAR CES MOTIFS [...] CASSE ET ANNULE [...]

4 Identifier un cas d'inexécution du contrat et la sanction applicable

★

DOC. Le crépi du mur

En cas de carence de l'entreprise qu
le client peut réclamer une « injoncti
juridiction compétente.

Jacqueline B., de Poitiers, a un chanti
remplacer une haie par un mur de clôtu
en attente. L'entrepreneur relancé ne bo
contraindre juridiquement ? »

Me Nicolas Gendre, du barreau de Tour
contrat d'entreprise [...] est une conven
une personne charge un entrepreneur d'e... en toute indépendance un ouvrage. Le contrat entre les deux parties résulte d'un contrat [...] établi par l'entrepreneur et accepté par le maître de l'ouvrage, ou [...] d'un simple devis [...]. » Me Gendre estime que « l'entrepreneur pourra être mis en demeure d'achever son ouvrage dans un délai déterminé, par pli recommandé avec avis de réception, voire notamment en cas de refus de réception de la lettre, par sommation délivrée par huissier. Dans l'un ou l'autre cas, la mise en demeure précisera qu'à défaut pour l'entreprise d'achever l'ouvrage spontanément, il pourrait y être contraint par toutes voies de droit ».

[...] Si la carence de l'entreprise perdure, Mme B. pourra se prévaloir des dispositions de l'article 1217 du Code civil : « La partie envers laquelle l'engagement n'a pas été exécuté, ou l'a été imparfaitement, peut refuser d'exécuter ou suspendre l'exécution de sa propre obligation ; poursuivre l'exécution forcée en nature de l'obligation ; obtenir une réduction du prix ; provoquer la résolution du contrat, demander la réparation des conséquences de l'inexécution. »

La Nouvelle République, 28 février 2019.

1. Qualifiez le contrat et ses parties.
2. Identifiez le type d'inexécution du contrat dont est victime Jacqueline B.
3. Identifiez les trois éléments qu'une mise en demeure doit comporter.
4. À quelle sanction de l'article 1217 du Code civil « l'injonction de faire » correspond-elle ?

5 Identifier les sanctions de l'inexécution du contrat

★★

Un promoteur vend un immeuble sur plan à une société qui devait y exploiter une résidence destinée aux seniors.

L'immeuble n'est pas livré dans les délais prévus au contrat et la société assigne le promoteur pour obtenir des indemnités (prévues au contrat).

Mais le promoteur oppose l'exception d'inexécution : il soutient qu'il a tardé à livrer le bien en raison du paiement tardif du solde du prix par la société acheteuse. En outre, il réclame le paiement des indemnités prévues au contrat en cas de retard de paiement.

La cour d'appel écarte ces arguments et condamne le promoteur à indemniser la société acheteuse du retard de livraison. Elle retient que les pénalités prévues au contrat en cas de retard de paiement par l'acheteur interdisent au promoteur d'opposer à ce dernier l'exception d'inexécution.

Dans un arrêt du 14 décembre 2019, la Cour de cassation censure cette décision.

Elle affirme que la stipulation de pénalités contractuelles en cas de retard de paiement de l'acheteur n'interdit pas au vendeur d'invoquer également l'exception d'inexécution pour refuser de livrer le bien.

Dans cette affaire, on ne peut donc pas reprocher au promoteur de ne pas avoir livré le bien dans les délais prévus puisque le prix n'était pas intégralement payé.

1. Pour quel cas d'inexécution du contrat la société acheteuse agit-elle en justice pour obtenir des indemnités ?
2. Comment le promoteur se justifie-t-il ? Que réclame-t-il en justice ?
3. Pour quel motif la cour d'appel condamne-t-elle le promoteur à indemniser la société acheteuse ?
4. Que pense la Cour de cassation de cet argument ?

Entraînement au bac

Un contrat, ça se respecte… et ça se conteste parfois !

Capacités

- Qualifier juridiquement un contrat et les parties au contrat.
- Apprécier les conditions de validité d'un contrat dans une situation donnée.
- Identifier les sanctions applicables en cas d'inexécution d'un contrat.

À l'aide de vos connaissances et des ressources documentaires en annexe, analysez la situation juridique ci-dessous et répondez aux questions posées.

Situation

M. Demir a acheté un appartement appartenant à Mme Vallée dans le but de faire un investissement, le bien acquis étant destiné à la location. Le directeur de l'agence immobilière ANIS, qui a servi d'intermédiaire, a encouragé M. Demir, lui faisant observer que le contexte économique était plus favorable à ce type d'investissement qu'à des placements financiers, peu rémunérateurs du fait de la faiblesse des taux d'intérêt, comme le taux de 1 % rémunérant les dépôts sur le Livret A de la Caisse d'Épargne.

Le prix de l'appartement a été établi sur la base de 2 200 € le mètre carré, ce qui correspond à la moyenne des prix dans la ville. L'acheteur attendant une rentrée imminente d'argent du fait d'un héritage, il a été convenu entre Mme Vallée et lui que le paiement se ferait en deux fois, la première moitié du prix étant versée à la signature du contrat de vente, la seconde étant promise sous un délai de trois mois au plus.

Après l'achat, M. Demir charge l'agence ANIS de louer le bien « dans les meilleures conditions ». Il est toutefois vite déçu car les locataires

potentiellement intéressés n'acceptent qu'un loyer représentant pour lui un revenu égal à 3 % de son investissement. Or, M. Demir avait cru pouvoir compter sur un rapport d'au moins 5 à 6 %.

Devant cette situation, non seulement M. Demir se refuse à louer son appartement à ces conditions, mais encore envisage-t-il de faire annuler la vente. Il avise immédiatement Mme Vallée de ses intentions et lui signifie qu'il ne versera pas le solde du prix de l'appartement.

M. Demir consulte les règles de droit, tant légales que jurisprudentielles.

1. Résumez les faits à l'origine de l'arrêt du 21 novembre 2019 (annexe 2) en utilisant des qualifications juridiques.
2. Quel est le problème juridique posé par ce litige et comment est-il réglé par la Cour de cassation ?
3. Qualifiez le contrat et les parties dans le litige concernant M. Demir.
4. Développez l'argumentation juridique que M. Demir peut avancer pour faire annuler la vente.
5. Développez l'argumentation juridique de Mme Vallée en réponse à la menace de l'acheteur de ne pas payer le solde du prix de l'appartement ?

ANNEXE 1 Articles du Code civil

Article 1130 – L'erreur, le dol et la violence vicient le consentement lorsqu'ils sont de telle nature que, sans eux, l'une des parties n'aurait pas contracté ou aurait contracté à des conditions substantiellement différentes. Leur caractère déterminant s'apprécie eu égard aux personnes et aux circonstances dans lesquelles le consentement a été donné.
Article 1131 – Les vices du consentement sont une cause de nullité relative du contrat.
Article 1137 – Le dol est le fait pour un contractant d'obtenir le consentement de l'autre par des manœuvres ou des mensonges.
Constitue également un dol la dissimulation intentionnelle par l'un des contractants d'une information dont il sait le caractère déterminant pour l'autre partie.
Néanmoins, ne constitue pas un dol le fait pour une partie de ne pas révéler à son cocontractant son estimation de la valeur de la prestation.
Article 1138 – Le dol est également constitué s'il émane du représentant, gérant d'affaires, préposé […] du contractant.
Il l'est encore lorsqu'il émane d'un tiers de connivence.

ANNEXE 2 Cour de cassation, 3e chambre civile, arrêt du 21 novembre 2019 (extraits)

Attendu, selon l'arrêt attaqué (Nancy, 19 juin 2018), que M. M… a acquis de la société Akerys Promotion […], un appartement en l'état futur d'achèvement dont la livraison était prévue au cours du troisième trimestre 2007 ; que, se plaignant […] de pratiques déloyales du vendeur lors de la commercialisation, M. M… a assigné la société [venderesse] […] en nullité de la vente pour dol […] ;
Attendu que M. M… fait grief à l'arrêt de rejeter sa demande de nullité de la vente pour dol ;
Mais attendu qu'ayant […] relevé que les futurs acquéreurs avaient eu tout le loisir, avant la conclusion de l'acte authentique, de consulter les plans et simulations leur présentant l'aspect de l'immeuble achevé, que le prix d'acquisition pour un appartement de type T2 dans une rue située en plein centre-ville d'Épinal ne laissait pas présager d'appartements spécialement luxueux, pas plus que les descriptifs détaillés adressés aux propriétaires avec le projet d'acte authentique, et souverainement retenu qu'aucune des informations figurant dans la brochure publicitaire sur la ville d'Épinal ne caractérisait un comportement dolosif de nature à tromper M. M… sur l'intérêt économique de l'investissement qui lui était proposé, la cour d'appel […] a pu déduire de ces seuls motifs que le dol allégué n'était pas démontré et a légalement justifié sa décision de ce chef ; […]
PAR CES MOTIFS, REJETTE le pourvoi […].

ANNEXE 3 Les sanctions de l'inexécution du contrat

Parce que le contrat est pourvu de la force obligatoire qui, en application de l'article 1103 du Code civil, lui est conférée par la loi, il a vocation à être exécuté. […]
Aussi, afin de contraindre les parties à satisfaire à leurs obligations, le législateur, secondé par la jurisprudence, a-t-il prévu un certain nombre de sanctions, lesquelles sanctions vont de l'exécution forcée en nature à la résolution du contrat, en passant par l'octroi de dommages et intérêts.
Au fond, ces sanctions visent à assurer l'efficacité des conventions et à en garantir la bonne exécution.
L'une des principales innovations de la réforme du droit des obligations engagée par l'ordonnance du 10 février 2016 réside précisément dans la refonte des sanctions attachées à l'inexécution du contrat. […]
L'ordonnance du 10 février 2016 a procédé à un regroupement de l'ensemble des règles relatives à l'inexécution contractuelle en une seule section.
Cette section, qui relève d'un chapitre IV consacré aux effets du contrat, est divisée en cinq sous-sections présentées à titre liminaire à l'article 1217 du Code civil.
L'article 1217, alinéa 1er du Code civil dispose que la partie envers laquelle l'engagement n'a pas été exécuté, ou l'a été imparfaitement, peut :
- soit refuser d'exécuter ou suspendre l'exécution de sa propre obligation ;
- soit poursuivre l'exécution forcée en nature de l'obligation ;
- soit obtenir une réduction du prix ;
- soit provoquer la résolution du contrat ;
- soit demander réparation des conséquences de l'inexécution.

L'alinéa 2 du texte précise que « les sanctions qui ne sont pas incompatibles peuvent être cumulées ; des dommages et intérêts peuvent toujours s'y ajouter ».

https://aurelienbamde.com, 7 septembre 2019.

Les responsabilités civile et pénale

3

Capacités

- Distinguer la responsabilité civile et la responsabilité pénale.
- Vérifier les principales conditions d'application des règles relatives à la responsabilité.
- Qualifier les dommages juridiquement réparables.
- Expliquer comment et pourquoi s'est construit ce système complexe d'indemnisation au profit des victimes.
- Expliquer comment les risques encourus sont mutualisés par le mécanisme de l'assurance.

Vers PIX

D.1.1. - Mener une recherche et une veille d'information

Avant la classe

Vidéo : « Énorme incendie à Rouen sur le site de Lubrizol » – Paris Normandie TV
liennathan.fr/n6da05

Quels sont les dégâts causés par l'incendie de l'usine Lubrizol ?

Situation

L'incendie de l'usine Lubrizol à Rouen

Dans la nuit du 26 septembre 2019, à Rouen, un incendie s'est déclaré à l'usine Lubrizol, une entreprise qui produit des additifs pour lubrifiants (huiles moteur, essence, diesel ...).

Le feu, qui a aussi touché trois entrepôts de l'entreprise voisine, Normandie Logistique, a détruit plus de 9 000 tonnes de produits chimiques.

L'usine Lubrizol est classée « Seveso », c'est-à-dire qu'au regard de la dangerosité de son activité, elle est soumise à des mesures de sécurité et des procédures particulières afin de prévenir les risques industriels majeurs.

Un épais nuage noir a survolé la ville de Rouen, le nord de la France, la Belgique et les Pays-Bas... Confinement des villes et villages alentour, fermetures des écoles, destruction des récoltes..., l'ensemble de la vie et de l'économie locales s'est trouvé paralysé par cette catastrophe industrielle. Plus de deux ans après l'incendie, l'origine du sinistre n'est toujours pas établie et les responsabilités sont encore incertaines.

1 Distinguer les différents types de responsabilité

DOC. 1 La responsabilité pénale

La responsabilité pénale permet de prononcer une sanction contre toute personne qui a commis une infraction, c'est-à-dire un acte considéré comme répréhensible par la loi. L'objectif est alors de **punir** l'atteinte à l'ordre public en condamnant la personne coupable d'infraction à une **peine** (amende, emprisonnement, travaux d'intérêt général…). Les infractions sont classées par ordre de gravité :

– les **contraventions** (ne pas respecter un feu rouge, par exemple) ;
– les **délits** (le vol, l'homicide involontaire…) ;
– les **crimes** (l'assassinat, le viol…, qui sont les infractions les plus graves).

Les infractions pénales sont sanctionnées par les juridictions répressives : le tribunal de police pour les contraventions, le tribunal correctionnel pour les délits et la cour d'assises pour les crimes.

DOC. 2 La responsabilité civile

Contrairement à la responsabilité pénale qui vise à punir, la responsabilité civile a pour objectif principal la réparation d'un dommage. En effet, un individu qui a subi un préjudice peut obtenir une indemnisation de la part du responsable. Pour engager la responsabilité civile d'une personne, il est nécessaire que trois conditions soient réunies :

Un fait générateur → **Un lien de causalité** → **Un dommage**

On distingue :

La responsabilité civile contractuelle	Une personne ne respecte pas le contrat qu'elle a conclu et cause ainsi un dommage à l'autre partie. Exemple : un locataire ne paie pas le loyer à son propriétaire.
La responsabilité civile extracontractuelle (en dehors de toute relation contractuelle)	Une personne cause un dommage à une autre : – par sa faute (ex. : un sportif blesse un autre joueur lors d'un match) ; – par une chose (ex. : un pot de fleurs posé sur un balcon tombe sur un passant) ; – par le fait d'une personne dont elle doit répondre (ex. : les parents doivent réparer les dommages causés par leur enfant).

DOC. 3 Comment obtenir réparation ?

Parfois, un individu peut voir ses responsabilités civile et pénale engagées s'il a commis une infraction qui a causé un dommage à une victime. Cette dernière a le choix, pour obtenir la réparation du préjudice qu'elle a subi, entre :

– engager une action civile devant les tribunaux judiciaires ;
– ou se constituer partie civile devant les tribunaux répressifs en charge de l'action publique (action qui vise à obtenir la condamnation pénale de l'auteur de l'infraction).

Se constituer partie civile permet également de déclencher les poursuites afin d'engager la responsabilité pénale de l'auteur de l'infraction, si le parquet ne les a pas lancées.

Situation Les juges d'instruction chargés de l'enquête sur l'incendie de l'usine Lubrizol [...] ont récemment donné des instructions aux experts travaillant sur le dossier. [...] Les magistrats parisiens leur ont indiqué onze éléments [contraventions et délits] qu'ils souhaitaient voir étudiés dans le cadre d'investigations complémentaires, rapporte *Ouest-France*. [...] Les nouvelles directions demandées par les juges pour l'enquête concernent à la fois le site de l'usine Lubrizol et les locaux de son voisin à Rouen, le transporteur Normandie Logistique. Les deux entreprises se rejettent en effet la responsabilité du départ de feu. www.20minutes.fr, 26 octobre 2021.

1 Quelle responsabilité pourrait être engagée contre les usines Lubrizol et Normandie Logistique ? Justifiez votre réponse. Doc. 1

obtenir la Réparation des dommages.

2 Quel est l'objectif de cette responsabilité ? Doc. 1

3 Quel est le tribunal compétent concernant la société Normandie Logistique ? Doc. 1

Situation Où l'incendie s'est-il déclenché ? dans les locaux de l'usine Lubrizol ? dans ceux de Normandie Logistique ? à l'extérieur de ces usines ? L'enjeu est de taille car le sinistre a causé de nombreux préjudices : par exemple, les producteurs de lait ont dû détruire leurs stocks et interrompre leur production.

4 Quel est l'intérêt pour les producteurs de lait d'engager la responsabilité civile de l'auteur de l'incendie ? Doc. 2

obtenir la répération des dommages.

5 À quelles conditions pourront-ils engager cette responsabilité civile ? Doc. 2

un fait générateur un lien de causalité => un dommage.

6 Quel est alors l'enjeu de déterminer l'origine exacte de l'incendie ? Doc. 2

7 Les producteurs de lait engageront-ils la responsabilité civile contractuelle ou extracontractuelle de l'auteur de l'incendie ? Justifiez votre réponse. Doc. 2

8 Les producteurs de lait n'ont pas pu honorer des livraisons de lait. Quel type de responsabilité civile pourrait être engagé contre eux ? Doc. 2

9 Comment les producteurs pourront-ils obtenir réparation des dommages ? Doc. 3

Allez plus loin ! STMG_Droit_Term_Plus_loin_Ch03_partie1.pdf Vers PIX

2 Déterminer les dommages et leur réparation

DOC. 4 Les différents types de dommages

Toute personne qui a causé un préjudice à une autre doit **réparer l'intégralité des dommages** que celle-ci a subis. Il faut donc identifier tous les dommages (ou préjudices) dont la victime a souffert.

	Dommage matériel	Dommage corporel		Dommage moral
Définition	Atteinte aux biens d'une personne.	Atteinte à l'intégrité physique d'une personne.		Dommages de nature immatérielle.
Exemples	– Perte subie : dégradation d'un véhicule, destruction d'une récolte. – Gain manqué : perte de chiffre d'affaires en raison de la fermeture d'un magasin incendié.	– Frais médicaux, d'hospitalisation. – Perte de revenus suite à une incapacité de travail.	– Souffrances physiques. – Préjudice esthétique. – Préjudice d'agrément : perte d'un plaisir de la vie (pratique d'un sport).	– Atteinte à la vie privée d'une personne (révélation de son orientation sexuelle sur un réseau social), à son droit à l'image… – Préjudice d'affection : douleur causée par le décès d'un proche.

Dommages patrimoniaux : atteinte au patrimoine d'une personne

Dommages extrapatrimoniaux : atteinte à un droit extrapatrimonial

DOC. 5 Pollution de l'usine Lubrizol : peut-on envisager des actions en justice ?

« Toxique mais pas trop non plus », comme l'avait titré le journal *20 Minutes*, le nuage de pollution généré par l'incendie de l'usine Lubrizol, à Rouen, suscite une vive inquiétude quant à l'impact qu'auront ses retombées sur les régions touchées. Le benzène, le plomb, mais aussi l'amiante et les autres composants insoupçonnés qu'il transporte dans sa masse ombrageuse n'ont en effet pas tardé, notamment à cause des précipitations, à maculer la ville et la campagne de suie, voire de flaques d'hydrocarbures, dont on craint désormais les conséquences sur l'environnement. Aussi, des dépôts de plaintes ont d'ores et déjà été enregistrés pour accidents consécutifs à des vertiges, nausées ou encore pollution d'eaux stockées. Côté agriculteurs, la préfecture a recommandé d'abandonner les productions végétales non récoltées.

Par Théodore Catry, avocat, www.juritravail.com

Vidéo : « À Rouen, trois semaines après l'incendie du Lubrizol »
liennathan.fr/av83ln (0'00 à 1'40)

DOC. 6 L'action en indemnisation pour préjudice écologique

La loi du 8 août 2016 pour la reconquête de la biodiversité a instauré une obligation de réparation à la charge de « toute personne responsable d'un préjudice écologique » (art. 1246 du Code civil). Le Code civil donne la définition suivante de ce préjudice (art. 1247) : « Est réparable […] le préjudice écologique consistant en une atteinte non négligeable aux éléments ou aux fonctions des écosystèmes ou aux bénéfices collectifs tirés par l'homme de l'environnement ». […]
[La] réparation doit prioritairement être faite en nature, c'est-à-dire par une remise en état du site pollué. Accessoirement, si la réparation en nature est impossible ou insuffisante, [la réparation se fera par « équivalent »] : le juge peut condamner le pollueur responsable au paiement de dommages et intérêts qui devront servir à la réparation de l'environnement. Ils pourront être reversés au demandeur ou à l'État s'il ne peut pas assumer seul les mesures réparatoires.

Par Théodore Catry, avocat, www.juritravail.com

Situation

Les produits chimiques qui ont brûlé il y a deux ans sur le site Seveso de Rouen ont provoqué des retombées dont les conséquences sur la santé demeurent incertaines. Le gouvernement promet d'apporter des réponses courant 2022.

www.leprogres.fr, 26 septembre 2021.

C'est dans un premier temps la pollution de la Seine qui inquiète. [...] Les habitants de la région [...] restent inquiets face aux nombreux signes de pollution. Odeurs dérangeantes, traces noires sur différentes surfaces, ils s'interrogent sur les conséquences que pourrait provoquer un tel incendie. Une inquiétude que partagent les agriculteurs – à qui il a été demandé de « ne pas récolter ». [...] L'incendie à l'usine Lubrizol pourrait présenter des risques pour la santé publique et l'environnement.

www.information.tv5monde.com, 24 décembre 2021 © TV5MONDE / Luna Gay-Padoan.

10 L'auteur de l'incendie doit-il réparer seulement les dommages causés aux habitants ? Doc. 4

....

11 Qualifiez chacun des dommages causés par l'incendie (matériel, corporel, moral). Doc. 4

Situation	Dommage matériel	Dommage corporel	Dommage moral
a. Vertiges et nausées			
b. Frais médicaux suite aux malaises			
c. Maisons et jardins couverts de suie			
d. Destruction des récoltes agricoles			
e. Chagrin dû à la mort d'un animal de compagnie			

12 Indiquez, pour chaque dommage, s'il est patrimonial ou extrapatrimonial. Doc. 4

Situation	Dommage patrimonial	Dommage extrapatrimonial
a. Vertiges et nausées		
b. Frais médicaux suite aux malaises		
c. Maisons et jardins couverts de suie		
d. Destruction des récoltes agricoles		
e. Chagrin dû à la mort d'un animal de compagnie		

13 Quels préjudices écologiques l'incendie a-t-il provoqués ? Doc. 5

....

....

14 Quelles sont les deux formes de préjudice écologique prévues par la loi ? Doc. 6

....

....

15 Toute atteinte à l'environnement constitue-t-elle un préjudice écologique ? Doc. 6

....

16 Comment sont réparés les dommages environnementaux ? Doc. 6

....

....

....

Allez plus loin ! STMG_Droit_Term_Plus_loin_Ch03_partie2.pdf Vers PIX

3 Déterminer les conditions de la réparation du dommage

DOC. 7 Les caractères du dommage réparable

Pour être réparable, un dommage doit revêtir quatre caractères.

Le dommage doit être LÉGITIME. →	Le dommage n'est réparé qu'à condition que l'intérêt de la victime soit licite et juridiquement protégé. Exemple : la destruction de produits contrefaits ou volés n'est pas réparée.
Le dommage doit être PERSONNEL. →	Seule la personne qui a subi un dommage, directement ou par ricochet (document 9), a droit à obtenir une réparation.
Le dommage doit être CERTAIN. →	– Le dommage doit en principe avoir été subi et pouvoir être prouvé. – Un préjudice simplement éventuel n'est pas réparé. – Un dommage futur peut être certain (ex. : une personne souffrant d'un lourd handicap suite à un accident aura besoin d'une assistance médicale). – La perte d'une chance est réparée si la chance perdue était réelle et sérieuse (ex. : un bon étudiant n'a pas passé un examen en raison d'un accident).
Le dommage doit être DIRECT. →	Le dommage doit avoir été causé par le fait générateur. Exemple : la victime d'un accident ne peut plus travailler, cela entraîne une perte de revenus, et elle tombe en dépression. Son épouse décide de divorcer. La perte de revenus est directement causée par l'accident mais pas le divorce.

DOC. 8 Incendie de Lubrizol : deux ans après, les craintes pour la santé persistent

« Dans quelques années, on sera plus malade qu'on aurait dû l'être », estime Thomas Hermand, maire de Serqueux, village de mille habitants situé à 40 km de Rouen. Selon une étude parue en juillet [2021], sa commune a atteint après l'incendie de 2019 le double du seuil d'alerte pour les hydrocarbures aromatiques polycycliques (HAP). [...] Interrogé par Sébastien Jumel, le ministre de la Santé Olivier Véran a répondu [...] : « Le bilan sanitaire à court terme est très modéré. » « Des études sont prévues [...] afin d'évaluer plus largement l'impact sanitaire de l'événement. »

www.leprogres.fr, 26 septembre 2021.

DOC. 9 Victime immédiate et victime par ricochet

Deux catégories de victimes peuvent demander réparation des dommages qu'elles ont subis :
– **les victimes immédiates**, c'est-à-dire celles qui ont subi directement, dans leur personne ou sur leur patrimoine, un ou plusieurs dommages ;
– **les victimes par ricochet**, c'est-à-dire celles qui ont subi un préjudice parce que l'un de leurs proches a souffert d'un dommage. Par exemple, si une personne décède dans un accident, son conjoint et ses enfants subissent, par ricochet, des dommages extrapatrimoniaux (douleur de la perte d'un être cher) et des dommages patrimoniaux (perte de revenus pour la famille).

Situation Les habitants ont subi de nombreux préjudices (destruction des récoltes agricoles, dégâts causés par les retombées du nuage sur les maisons et les jardins...). Ils ont manifesté leur inquiétude face aux conséquences possibles de l'incendie sur leur santé.

17 Le dommage subi par les agriculteurs est-il réparable ? Justifiez votre réponse. Doc. 7

....

....

....

18 Le dommage subi par les habitants, causé par les retombées de suie sur leurs maisons et jardins, est-il réparable ? Justifiez votre réponse. Doc. 7

....

....

....

19 Le risque de maladie liée à l'inhalation de produits toxiques est-il réparable ? Justifiez votre réponse. Doc. 7

....

....

Situation À l'occasion du 9e Comité de suivi et de transparence mis en place après l'incendie de Lubrizol à Rouen, Santé publique France révèle que 60 % des habitants de la zone exposée ont rapporté au moins un symptôme ou problème de santé. Santé publique France s'est également intéressée à la santé des travailleurs. Le Groupe d'alerte en santé travail (Gast) de la région Normandie a d'ailleurs été chargé d'évaluer l'opportunité de proposer une stratégie de surveillance des travailleurs exposés aux émissions de l'incendie.

Marc Braun,www.ouest-france.fr, 5 juillet 2021.

20 Les problèmes de santé des habitants de la zone de l'incendie vous semblent-ils, à ce stade, être réparables ? Doc. 7 et 8

....

....

21 Si certains salariés étaient obligés de cesser le travail, privant leur famille de ressources, à quelle catégorie de victimes pourrait-on rattacher leur conjoint et leurs enfants ? Doc. 9

....

....

22 Qualifiez le préjudice qui serait subi par les conjoints et enfants des salariés, et vérifiez qu'il pourrait être réparable. Doc. 7 et 9

....

....

Allez plus loin ! STMG_Droit_Term_Plus_loin_Ch03_partie3.pdf Grand oral

4 Comprendre le système d'indemnisation des victimes

DOC. 10 La mutualisation des risques par l'assurance

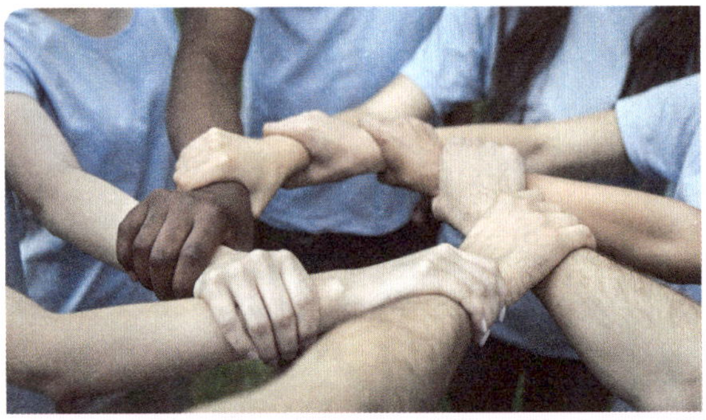

En tant qu'assuré, vous réglez une cotisation ou prime d'assurance pour pouvoir vous protéger financièrement contre les risques, événements, dommages qui peuvent toucher votre maison, votre véhicule ou les responsabilités qui peuvent affecter votre vie quotidienne.

Les primes que vous versez, ajoutées à celles des autres assurés, servent ainsi à régler les sinistres qui surviennent à quelques-uns seulement : c'est le principe de la mutualisation des risques. Cette notion est très forte dans l'assurance car s'assurer, c'est accepter le principe de payer pour les autres sachant que peut-être un jour, ce sera pour soi-même. Par exemple, sur cinq véhicules, un seul en moyenne est confronté à un sinistre. Les cinq cotisations versées permettent alors de payer les dommages de ce dernier. […]

www.mma.fr

DOC. 11 Indemnisations, dépollution… Lubrizol devra-t-il payer ?

Si la responsabilité de Lubrizol est reconnue, l'entreprise devrait alors se tourner vers ses assureurs. Trois types d'assurances peuvent alors être activés.

La première est l'assurance qui couvre les dommages et pertes d'exploitation. Elle va indemniser Lubrizol pour la destruction de son site et le manque à gagner des jours, voire des mois durant lesquels la production a été interrompue. Cette assurance concerne donc exclusivement Lubrizol et ses pertes.

« La deuxième famille d'assurances qui devrait intervenir est celle dite de responsabilité civile. L'incendie a généré des préjudices chez les tiers, les agriculteurs, les particuliers. Ils sont fondés à demander compensation à Lubrizol », explique Michel Josset [président de la commission « Dommages aux biens » de l'AMRAE, Association pour le management des risques et des assurances de l'entreprise]. C'est donc elle qui sera activée si des recours ont lieu contre Lubrizol […]. Cette assurance devrait donc assurer que Lubrizol dédommage bien les personnes qui ont subi les conséquences de l'accident. […]

« Enfin, l'assurance de la responsabilité civile des atteintes à l'environnement, si elle a été prise par Lubrizol, lui permettra de compenser, selon son niveau de couverture, des frais de dépollution », poursuit Michel Josset. […]

Océane Herrero, www.lefigaro.fr, 3 octobre 2019.

DOC. 12 La mise en place d'un fonds de garantie spécial par Lubrizol

La société Lubrizol a annoncé le 25 octobre 2019 la mise en place d'un fonds de solidarité à destination des agriculteurs abondé d'une somme de 50 M€, suite à la signature d'une convention avec le président du FMSE (Fonds national agricole de mutualisation du risque sanitaire et environnemental). […] En parallèle de l'engagement en faveur des agriculteurs, Lubrizol a mis en place un second fonds destiné à indemniser les pertes d'exploitation des commerçants subies sur la période comprise entre le 26 septembre et le 5 octobre [2019], sur la base d'une indemnité allant de 240 € à 800 € par jour selon l'importance de la perte du chiffre d'affaires.

www.tribune-assurance.optionfinance.fr, 20 janvier 2020.

Les agriculteurs contraints de suspendre la commercialisation de leurs produits après l'incendie de l'usine Lubrizol de Rouen ont commencé ce mercredi [13 novembre 2019] à recevoir les premiers versements du fonds d'indemnisation créé après la catastrophe, a annoncé le ministère de l'Agriculture.

www.lexpress.fr, 13 novembre 2019.

Situation Le parcours judiciaire sera long avant que les responsabilités soient clairement identifiées et les dommages précisément déterminés. Cependant, les victimes de l'incendie ont eu besoin d'obtenir le plus rapidement possible une indemnisation des préjudices qu'elles avaient subis.

23 À quoi s'engagent l'assuré et l'assureur dans un contrat d'assurance ? Doc. 10

L'assuré s'engage à

24 Quel est l'intérêt du mécanisme de l'assurance ? Doc. 10

L'intérêt est de cotiser pour se protéger contre les risques

25 Quels risques peuvent être couverts par une assurance ? Doc. 10 et 11

26 Quels dommages l'incendie a-t-il causés à la société Lubrizol ? Doc. 11

27 Comment ces dommages seront-ils réparés ? Doc. 11

28 Quel est l'intérêt de l'assurance de responsabilité civile contractée par la société Lubrizol ? Doc. 11

Contrat responsabilité civile des atteintes à l'environnement

29 Comment les préjudices écologiques pourraient-ils être indemnisés par Lubrizol ? Doc. 11

30 Quel est l'intérêt du FMSE ? Doc. 12

31 Pourquoi la société Lubrizol a-t-elle créé des fonds spéciaux d'indemnisation ? Doc. 12

Allez plus loin ! STMG_Droit_Term_Plus_loin_Ch03_partie4.pdf Vers PIX

Applications

1 Testez vos connaissances

Répondez par vrai ou par faux aux propositions suivantes.

1. La responsabilité pénale permet de punir les infractions.
   ☐ Vrai ☐ Faux
2. Il suffit de prouver un dommage pour en obtenir réparation.
   ☐ Vrai ☐ Faux
3. Se constituer partie civile à un procès pénal a pour but d'obtenir une réparation.
   ☐ Vrai ☐ Faux
4. L'atteinte à la vie privée est un dommage matériel.
   ☐ Vrai ☐ Faux
5. Les dommages corporels peuvent être patrimoniaux ou extrapatrimoniaux.
   ☐ Vrai ☐ Faux
6. La douleur physique est un préjudice réparable.
   ☐ Vrai ☐ Faux
7. La réparation prend toujours la forme de dommages-intérêts.
   ☐ Vrai ☐ Faux
8. Un dommage futur n'est jamais réparé.
   ☐ Vrai ☐ Faux
9. La perte d'une chance peut être réparée.
   ☐ Vrai ☐ Faux
10. Seule la victime directe d'un dommage peut obtenir une indemnisation.
   ☐ Vrai ☐ Faux
11. L'assurance permet de mutualiser les risques entre les assurés.
   ☐ Vrai ☐ Faux

2 Comprendre et utiliser le vocabulaire juridique

★

1. Reformulez les idées suivantes en traduisant en langage courant le terme juridique souligné.
   a. Toute personne qui a commis une <u>infraction</u> voit sa responsabilité pénale engagée.
   b. Les <u>dommages extrapatrimoniaux</u> sont réparés.
   c. Pour que le dommage soit réparable, il doit être <u>direct</u>.
2. Reformulez les termes soulignés en utilisant le langage juridique.
   a. Les <u>proches d'une victime</u> peuvent obtenir la réparation des dommages qu'ils ont subis.
   b. Le responsable d'un dommage doit <u>verser de l'argent</u> à la victime.
   c. La victime doit prouver que le dommage <u>la concerne</u> pour obtenir réparation.

3 Distinguer les différents types de responsabilité

★

Dans chacun des cas suivants, indiquez la ou les responsabilités engagées : responsabilité pénale ? responsabilité civile contractuelle ou extracontractuelle ? Justifiez votre réponse.

a. Mme Innocent a été victime de l'utilisation frauduleuse de sa carte bleue sur Internet.

b. Une fuite d'eau dans la salle de bains de M. Étourdi a abîmé le plafond de l'appartement situé en dessous.

c. M. Danger a été contrôlé par la police au volant de sa voiture en état d'ivresse. Heureusement qu'il a été arrêté à temps, il n'a causé aucun accident !

d. Mme Évasion a fait un prêt pour faire le tour du monde. Elle n'a pas honoré plusieurs remboursements à la banque.

4 Déterminer le préjudice écologique et sa réparation

DOC. La protection des Calanques de Marseille

À l'automne 2015, les services de gendarmerie sont informés d'actes de braconnage répétés depuis plusieurs années dans les eaux du Parc national des Calanques. Après plus de deux ans d'enquête menée par la gendarmerie maritime et la police nationale, quatre personnes sont renvoyées devant le tribunal correctionnel de Marseille pour, notamment, des faits de pêche en zones interdites dans le Parc national des Calanques. Reconnus pénalement coupables par jugement définitif du 11 juillet 2018, les braconniers ont été condamnés à des peines exemplaires. La culpabilité des poissonniers et restaurateurs qui revendaient leurs prises illicites en connaissance de cause a également été établie [...].

Le Parc national des Calanques a estimé que plus de 4,6 tonnes de poissons, 322 kilos de poulpes et 16 800 douzaines d'oursins auraient été illégalement prélevés et revendus par les braconniers à des restaurateurs et poissonniers déjà condamnés. Le Parc national évalue le préjudice écologique résultant de ces faits à la somme de 450 000 euros.

www.calanques-parcnational.fr, 18 novembre 2019.

La cour d'appel d'Aix-en-Provence a rendu son arrêt dans l'affaire des braconniers des Calanques. [...] Comme le tribunal judiciaire de Marseille en première instance [en mars 2020], la cour d'appel a retenu le préjudice écologique du Parc national des Calanques. Elle a en revanche baissé l'indemnisation que devront lui verser les braconniers à hauteur de 52 000 euros soit sept fois moins que ce qui avait été décidé en première instance [arrêt du 29 juin 2021].

« Nous nous réjouissons de la confirmation sur le principe mais cela reste un peu décevant pour le montant des dommages et intérêts [...] », réagit Sébastien Mabile, l'avocat du parc.

www.marsactu.fr, 30 juin 2021.

1. Quels sont les faits à l'origine du litige ?
2. Sur quelle responsabilité la justice s'est-elle déjà prononcée en juillet 2018 ?
3. Quelle responsabilité est en jeu ?
4. Qualifiez le préjudice invoqué par le Parc national des Calanques.
5. la justice a-t-elle retenu une réparation en nature ou par équivalent ?

5 Qualifier juridiquement le dommage

DOC. Le préjudice d'anxiété des travailleurs de l'amiante

Tout salarié ayant été exposé à l'inhalation d'amiante peut désormais faire valoir un préjudice d'anxiété en invoquant l'obligation de sécurité de tout employeur, a jugé la Cour de cassation vendredi 5 avril [2019]. Le « préjudice d'anxiété », consacré en 2010 par cette cour, permet l'indemnisation de personnes qui ne sont pas malades mais qui s'inquiètent de pouvoir le devenir à tout moment. Jusqu'ici, la Cour de cassation restreignait ce mécanisme aux seuls salariés dont l'établissement est inscrit sur une liste dans la loi de 1998 ouvrant droit à la « préretraite amiante » : travailleurs de la transformation de l'amiante ou de la construction et de la réparation navale. [...]

Dans son arrêt rendu [le 5 avril 2019], la Cour de cassation reconnaît que « le salarié qui justifie d'une exposition à l'amiante, générant un risque élevé de développer une pathologie grave, peut agir contre son employeur, pour manquement de ce dernier à son obligation de sécurité, quand bien même il n'aurait pas travaillé dans l'un des établissements » listés. [...]

www.lemonde.fr, 5 avril 2019.

1. En quoi consiste le préjudice d'anxiété ?
2. Qualifiez juridiquement le préjudice d'anxiété.

6 Vérifier les principales conditions d'application des règles relatives à la responsabilité

★★

DOC. Google My Business : l'auteur d'un avis condamné pour diffamation

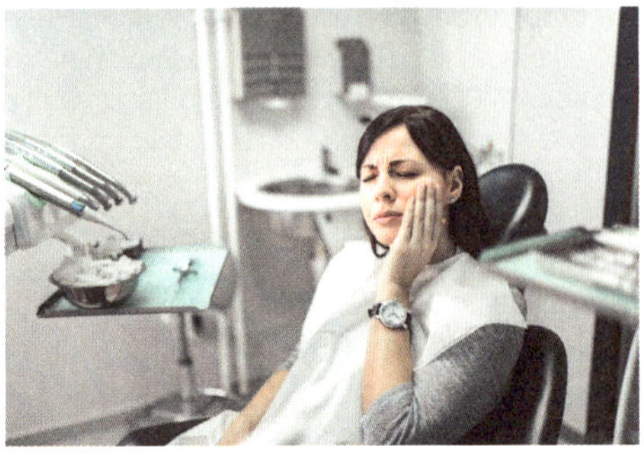

Le tribunal judiciaire de Marseille a condamné [le 23 septembre 2020] l'auteur d'un avis publié sur le compte Google My Business d'une dentiste, pour diffamation.
La sœur de la patiente d'une dentiste avait publié sur le compte Google My Business de cette praticienne un avis mettant en cause les compétences de l'intéressée, incitée en cela par la patiente elle-même.
Le juge [...] a considéré que les propos publiés dans l'avis réunissaient toutes les caractéristiques de la diffamation définies à l'article 29 de la loi du 29 juillet 1881, à savoir « toute allégation ou imputation d'un fait qui porte atteinte à l'honneur ou à la considération de la personne ou du corps auquel le fait est imputé est une diffamation ». [...] Il condamne en conséquence solidairement les deux sœurs, d'une part à retirer l'avis litigieux sous une astreinte de 300 € par jour de retard, et d'autre part à payer l'arriéré des soins de 1 690 € ainsi que 1 500 € au titre de l'article 700 du Code de procédure civile (frais de justice engagés par la partie adverse). Cette décision est emblématique de l'ignorance du droit qui règne de plus en plus dans le public et de la croyance que la liberté d'expression permet tout et n'importe quoi.

www.votre-reputation.com, 18 novembre 2020.

1. Quels sont les faits à l'origine de l'affaire ?
2. Qualifiez juridiquement le dommage subi par la dentiste.
3. Vérifiez que les conditions d'engagement de la responsabilité civile de la patiente et de sa sœur étaient réunies en l'espèce.
4. Identifiez et qualifiez les réparations prononcées par le tribunal.

7 Comprendre la mutualisation des risques

★

DOC. L'indemnisation des victimes des attentats du 13-Novembre

Six ans après les attentats du 13 novembre 2015, le Fonds de garantie des victimes [des actes de terrorisme et d'autres infractions] (FGTI) a déjà versé aux victimes 107 millions d'euros d'indemnisations, sur un total estimé à plus de 250 millions, a annoncé l'organisme [...].
Au total, 2 659 victimes des attentats, qui ont fait 130 morts à Paris et Saint-Denis, « ont fait l'objet d'une prise en charge indemnitaire par le [FGTI] », a précisé l'organisme [...]. Parmi les 2 659 personnes prises en charge, 806 sont des proches de victimes, 1 267 sont des blessés psychiques et 586 des blessés physiques. [...]
Créé en 1986, le FGTI est financé par une contribution de 5,90 euros sur chacun des 90 millions de contrats d'assurance de biens signés en France (auto, habitation, etc.), ainsi que par les produits financiers sur les 1,7 milliard d'actifs que gère le FGTI et, de façon « minime », par les montants récupérés lors des recours exercés contre les auteurs d'infractions.

AFP, 5 novembre 2019.

1. Quel est le rôle du FGTI ?
2. Quelles victimes peuvent obtenir une indemnisation auprès du FGTI ?
3. En quoi le financement du FGTI permet-il de mutualiser le risque d'actes terroristes ?

Les régimes de responsabilité civile

4

Capacités

- Analyser et qualifier les faits pour identifier le ou les régimes de responsabilité applicables.
- Appliquer les règles relatives aux conditions de la responsabilité pour chacun des régimes de responsabilité dans des situations concrètes de dommages.
- Apprécier les moyens d'exonération.

Vers PIX

D.1.1. - Mener une recherche et une veille d'information

Avant la classe

Vidéo : « Vélos, voitures, trottinettes et piétons, une cohabitation parfois difficile » – France info TV **liennathan.fr/4ng22t**

En quoi le développement des « mobilités douces » peut-il favoriser des accidents et souvent des dommages corporels ?

Situation

Les Hauts-de-Seine veulent freiner les accidents de vélos et trottinettes

Entre le 21 juillet et le 27 septembre [2021], quatre utilisateurs de vélos et trottinettes ont perdu la vie sur les routes des Hauts-de-Seine. [Ces] accidents, impliquant des usagers de mobilités douces, « ont augmenté depuis le début de l'année 2021 », déplore la préfecture des Hauts-de-Seine. Pour y remédier, le préfet, Laurent Hottiaux, a annoncé mercredi 20 octobre 2021 la multiplication des opérations de contrôle dans le département.

Depuis le début de l'année 2021, 13 personnes ont perdu la vie dans un accident de la route dans les Hauts-de-Seine, selon la préfecture. Les usagers de mobilités durables (vélos, trottinettes, gyropodes...) représentent plus de 25 % des accidents mortels dans le département. Les années précédentes, cette proportion était de 18 %.

Les accidents non mortels ont, eux aussi, augmenté : en 2021, la préfecture a enregistré 285 accidents impliquant des deux-roues, contre 217 en 2020 et 192 en 2019. « Cette augmentation est en grande partie liée au fort développement de ces nouvelles mobilités dans le département », explique la préfecture. Selon cette dernière, l'inattention est responsable d'un accident sur trois et le non-respect du code de la route d'un accident sur quatre.

Adelaïde Tenaglia, www.lesechos.fr, 30 octobre 2021.

1 Appliquer les règles relatives à la responsabilité civile contractuelle

DOC. 1 Le: conditions d'engagement de la responsabilité civile contractuelle

I orsqu'un contrat a été conclu, le créancier peut obtenir réparation du préjudice qu'il a subi si le débit .ur n'a pas ou mal exécuté le contrat. Sa responsabilité civile contractuelle est engagée lorsque trois (onditions sont réunies : l'inexécution (ou la mauvaise exécution) d'un contrat, un dommage, et un l en de causalité entre l'inexécution et le dommage.

DOC. 2 L'(bligation de sécurité

'out transporteur de voyageurs a une « obligation de sécurité » à l'égard de ses passagers, avec esquels il est lié par un contrat de transport : il doit les amener sains et saufs à destination. Ioute atteinte à l'intégrité corporelle d'un voyageur est constitutive d'un manquement à cette)bligation de sécurité. Le transporteur doit alors réparer les dommages subis par un voyageur, même s'il n'a pas commis de faute. L'obligation de sécurité prend effet à partir du moment où le voyageur commence à monter dans le wagon et prend fin quand il a fini d'en être descendu.

DOC. 3 l obligation de résultat et l'obligation de moyens

L'inexécution du contrat nécessite de regarder et qualifier l'obligation à laquelle le débiteur s'est engagé.

L'obligation de résultat → Le débiteur s'engage à parvenir à un résultat précis. S'il échoue, sa responsabilité contractuelle peut être engagée, même s'il n'est pas établi qu'une faute particulière a été commise.
Ex. : l'obligation d'un acheteur de payer le prix est une obligation de résultat.

L'obligation de moyens → Le débiteur s'engage à mettre tout en œuvre pour parvenir au résultat. Sa responsabilité contractuelle ne peut être engagée que si le créancier prouve une faute du débiteur, c'est-à-dire qu'il n'a pas mis en œuvre les moyens nécessaires.
Ex. : l'obligation de soins du médecin est une obligation de moyens (le médecin ne s'engage pas à guérir le patient, mais à prodiguer tous les soins nécessaires pour y parvenir).

DOC. 4 Les causes d'exonération

Pour échapper à la mise en jeu de sa responsabilité – et être ainsi « exonéré » –, le débiteur peut démontrer que le dommage est dû, en tout ou partie, à une « cause étrangère ». Il existe trois causes d'exonération : la force majeure, le fait d'un tiers et le fait de la victime.

La force majeure → C'est un événement qui doit présenter trois caractéristiques. Il doit être :
- imprévisible (on ne peut pas prévoir que cet événement puisse se produire) ;
- irrésistible (il n'est pas possible d'éviter sa survenance et ses conséquences) ;
- extérieur (l'auteur du dommage n'a aucun lien avec l'événement).

Ex. : une tempête violente, une grève contre la politique du gouvernement.
Lorsque cet événement provient d'un tiers (par exemple, un attentat terroriste dans une gare a bloqué la circulation des trains), on parle de « **fait d'un tiers** ».

Le fait de la victime → Il peut arriver que le comportement de la victime ait participé à la survenance du dommage. Si le fait de la victime revêt les conditions de la force majeure, alors, le débiteur est totalement exonéré (il n'a pas à réparer le dommage). À défaut, le débiteur peut obtenir une exonération partielle, à condition que la victime ait commis une faute.

Situation Munie d'un billet de train, Mme X... circule sur la ligne Nice – Cagnes-sur-Mer. Elle est victime d'un écrasement du pouce gauche à la suite de la fermeture d'une porte automatique et agit contre la SNCF pour obtenir la réparation de son préjudice.

1 Pourquoi est-ce important de savoir que Mme X… était munie d'un billet ? Doc. 1

....

....

2 Quelle est l'obligation non respectée par la SNCF ? Expliquez votre réponse. Doc. 2

....

....

3 Cette obligation est-elle de moyens ou de résultat ? Justifiez votre réponse. Doc. 2 et 3

....

....

4 Indiquez si les obligations suivantes sont de moyens ou de résultat. Doc. 3

a. L'obligation d'un avocat de défendre son client à un procès..........

b. L'obligation d'un emprunteur de rembourser un prêt. ....

Situation Condamnée en appel, la SNCF a formé un pourvoi en cassation. Elle reproche à la cour d'appel de l'avoir déclarée entièrement responsable de l'accident alors que Mme X..., en laissant ses doigts sur la porte, n'a pas suivi les consignes de sécurité rappelées plusieurs fois par le personnel.

5 Qu'invoque la SNCF pour s'exonérer de sa responsabilité ? Doc. 4

....

6 Pourquoi la SNCF ne peut-elle pas invoquer ici la force majeure ? Doc. 4

....

....

Situation Le 11 décembre 2019, la Cour de cassation casse et annule l'arrêt rendu par la cour d'appel. Elle juge que « le transporteur ferroviaire peut s'exonérer de sa responsabilité envers le voyageur lorsque l'accident est dû à une faute de celui-ci ».

7 Pourquoi la Cour de cassation remet-elle en cause l'arrêt de la cour d'appel ? Doc. 4

....

....

8 La SNCF pourra-t-elle obtenir une exonération totale ou partielle ? Justifiez votre réponse. Doc. 4

....

....

Allez plus loin ! STMG_Droit_Term_Plus_loin_Ch04_partie1.pdf Vers PIX

2 Appliquer les règles relatives à la responsabilité extracontractuelle du fait personnel

DOC. 5 La responsabilité civile extracontractuelle fondée sur la faute

Article 1240 du Code civil : « Tout fait quelconque de l'homme, qui cause à autrui un dommage, oblige celui par la faute duquel il est arrivé à le réparer. »
Le premier cas de mise en jeu de la responsabilité civile extracontractuelle d'une personne est l'hypothèse où elle a commis une faute qui a engendré des dommages à une autre personne avec laquelle elle n'est liée par aucun contrat. Trois conditions doivent ainsi être réunies et prouvées pour engager la responsabilité extracontractuelle pour faute :

Une faute → **Un lien de causalité** → **Un dommage**

DOC. 6 Les types de faute

Le Code civil ne donne pas de définition de la faute. Il existe une grande variété de fautes :

- **Faute volontaire**
  - **Faute par commission (acte positif)** — Ex. : insulter une personne sur un réseau social.
  - **Faute par omission (abstention)** — Ex. : ne pas porter secours à une personne.
- **Faute par imprudence ou négligence**
  - **Faute par commission** — Ex. : traverser une route sans vérifier la sécurité.
  - **Faute par omission** — Ex. : ne pas surveiller un feu de cheminée.

Ainsi, toute faute, volontaire ou non, est prise en compte. La faute s'apprécie au regard du comportement qu'aurait eu une personne raisonnable placée dans la même situation.
La gravité de la faute n'a pas d'incidence sur la mise en jeu de la responsabilité : une faute, même légère, engage la responsabilité de son auteur dès lors que cette faute a causé un dommage.

DOC. 7 Le lien de causalité

Pour engager la responsabilité civile extracontractuelle, il est nécessaire que la victime prouve que le fait générateur (ici, la faute) a causé le dommage qu'elle a subi. Le lien de causalité est un lien logique, de cause à effet entre le fait générateur et le dommage.
Il est possible qu'un dommage soit la conséquence de plusieurs faits, c'est-à-dire que plusieurs éléments ont participé à la survenance de ce dommage. Pour déterminer qui est responsable, le juge retient, en principe, le fait qui a joué un rôle prépondérant, c'est-à-dire celui qui a immédiatement provoqué le dommage.
Pour s'exonérer de sa responsabilité, l'auteur de la faute peut remettre en cause le lien de causalité en prouvant que le dommage a été causé, en tout ou partie, par un cas de force majeure (événement imprévisible, irrésistible et extérieur), le fait d'un tiers, ou le fait de la victime.

Situation Une femme de 50 ans a été renversée par un cycliste ivre dans le XIIIe arrondissement [à Paris]. Le cycliste descendait en direction des quais [de Seine] et du Pont de Tolbiac. Le deux-roues aurait dépassé un bus, pas vu le piéton, [il] l'a percuté et projeté au sol. www.leparisien.fr, 17 juin 2021.

9 Pourquoi la responsabilité du cycliste est-elle ici de nature extracontractuelle ? Doc. 5

....

10 Retrouvez les trois conditions qui vont permettre d'engager la responsabilité du cycliste. Doc. 5

....

....

11 Qualifiez le type de faute qui a été commise par le cycliste. Justifiez. Doc. 6

....

....

12 Comment un tribunal apprécierait-il le comportement du cycliste pour caractériser une faute de sa part ? Doc. 6

....

13 Par quel(s) moyen(s) le cycliste pourrait-il tenter de s'exonérer de sa responsabilité ? Doc. 7

....

....

Situation Accident de plongeon. La victime, souffrant de fractures des vertèbres cervicales, sa tête ayant heurté le fond de la rivière, avait assigné, en réparation de son préjudice corporel, le propriétaire de la parcelle comprenant une plage ouverte au public. Sa demande fut rejetée par les premiers juges et en appel [...] au motif qu'il avait commis une faute d'imprudence à l'origine exclusive de son dommage. Son pourvoi en cassation se solde par un nouvel échec (arrêt du 29 mars 2018).

14 Pourquoi l'action est-elle ici fondée sur la responsabilité extracontractuelle ? Doc. 5

....

15 Quelle faute le plongeur reprochait-il au propriétaire de la plage ? Doc. 6

....

16 Peut-on estimer qu'une certaine faute existait ? De quelle nature ? Doc. 6

....

....

17 Pourquoi les juges ont-ils rejeté la demande du plongeur ? Doc. 7

....

....

Allez plus loin ! STMG_Droit_Term_Plus_loin_Ch04_partie2.pdf Vers PIX

3 Appliquer les règles relatives à la responsabilité extracontractuelle du fait d'autrui

DOC. 8 La responsabilité des parents

Article 1242, alinéa 4 du Code civil : « Le père et la mère, en tant qu'ils exercent l'autorité parentale, sont solidairement responsables du dommage causé par leurs enfants mineurs habitant avec eux. »

La loi prévoit ainsi que les parents doivent, ensemble, réparer les dommages causés par leurs enfants mineurs qui résident avec eux. Cette responsabilité des parents du fait de leur enfant se justifie par le besoin de protection et de surveillance de ce dernier.

Il n'est pas nécessaire que l'enfant ait commis une faute : la responsabilité des parents est engagée dès lors que leur enfant a commis un fait qui a provoqué des dommages.

Un fait dommageable (fautif ou non) commis par un enfant mineur → **Un lien de causalité** → **Un dommage**

DOC. 9 La responsabilité du fait d'autrui

La jurisprudence a reconnu l'existence d'une responsabilité du fait d'autrui dans des cas non prévus par la loi. En effet, la Cour de cassation a précisé que lorsqu'une personne (« le gardien ») exerce un pouvoir de direction, de contrôle et d'autorité sur une autre personne (« le gardé »), le gardien est responsable des fautes, commises par le gardé, qui ont causé un dommage à autrui.

Une faute du gardé → **Un lien de causalité** → **Un dommage**

C'est le cas, par exemple, des clubs sportifs. Dans un arrêt du 5 juillet 2018, la Cour de cassation a rappelé que « les associations sportives ayant pour mission d'organiser, de diriger et de contrôler l'activité de leurs membres, sont responsables des dommages que ceux-ci causent à cette occasion, dès lors qu'une faute caractérisée par une violation des règles du jeu est imputable à un ou plusieurs de leurs membres, même non identifiés ».

DOC. 10 Une responsabilité de plein droit

La responsabilité encourue par les parents, pour les dommages causés par leur enfant mineur, et par les gardiens, pour les dommages causés par les gardés, est une responsabilité de plein droit. Cela signifie qu'ils ne peuvent pas s'exonérer de leur responsabilité en prouvant qu'ils n'ont pas commis de faute. Par exemple, les parents demeurent responsables même s'ils parvenaient à prouver qu'ils n'ont pas commis de faute de surveillance de leur enfant mineur.

Toutefois, les parents et les gardiens peuvent s'exonérer, totalement ou partiellement, en prouvant un cas de force majeure (événement imprévisible, irrésistible et extérieur) ou une faute de la victime.

Situation Un joueur de rugby a subi plusieurs opérations à la suite d'une fracture du tibia lors d'un plaquage durant un entraînement de rugby. L'auteur du plaquage ayant causé les dommages était mineur au moment des faits. Il résidait chez sa mère exerçant seule l'autorité parentale. [Sa] responsabilité ne cesse pas lorsque l'enfant est temporairement confié à un tiers pour l'exercice d'une activité sportive de loisir au sein d'une association, mais uniquement lorsque l'organisation et le contrôle permanent du mode de vie du mineur sont confiés à une autre personne physique ou morale (cour d'appel de Grenoble, 18 mai 2021).

www.associationmodeemploi.fr, 5 novembre 2021.

18 Pourquoi la mère du sportif est-elle responsable dans cette affaire ? Doc. 8

....

....

19 La victime devait-elle prouver que le jeune rugbyman avait commis une faute ? Justifiez. Doc. 8

....

20 Pourquoi la responsabilité de l'association sportive n'est-elle pas retenue ? Situation et Doc 8

....

21 La mère du rugbyman aurait-elle pu s'exonérer de sa responsabilité en prouvant qu'elle n'a pas commis de faute ? Justifiez. Doc. 10

....

....

Situation L'association Afa Football a organisé une compétition de football. Au cours du jeu, l'arbitre est amené à exclure un joueur, membre de l'association. Ce dernier, à la fin du match, agresse physiquement l'arbitre sur le terrain. Pour la Cour de cassation, l'association est responsable des dommages subis par l'arbitre : « l'agression d'un arbitre commise dans une enceinte sportive par un joueur constitue, même lorsqu'elle se produit à l'issue de la rencontre, dont ce dernier a été exclu, une infraction aux règles du jeu, en lien avec l'activité sportive » (arrêt du 5 juillet 2018).

22 Pourquoi l'association est-elle considérée comme le « gardien » du joueur ? Doc. 9

....

....

23 Retrouvez en l'espèce les trois conditions d'engagement de la responsabilité du fait d'autrui. Doc. 9

....

....

24 L'association Afa Football aurait-elle pu s'exonérer de sa responsabilité en prouvant qu'elle n'avait pas commis de faute ? Pourquoi ? Doc. 10

....

Allez plus loin ! STMG_Droit_Term_Plus_loin_Ch04_partie3.pdf Vers PIX

4 Appliquer les règles relatives à la réparation des dommages causés par les biens

DOC. 11 Les conditions de la responsabilité extracontractuelle du fait des choses

Lorsqu'une personne a subi un dommage en raison de l'intervention d'une chose (un train, un ballon, une vitre…), elle peut en obtenir réparation auprès du « gardien de la chose ».
Le gardien est celui qui exerce les pouvoirs d'usage, de direction et de contrôle sur la chose quand le dommage est survenu (le propriétaire, ou le locataire, ou le voleur…).
Pour que la responsabilité du gardien soit engagée, il est nécessaire de prouver que la chose a été l'instrument du dommage. Elle doit ainsi avoir joué un **rôle actif** dans la survenance de ce dommage :

La victime a été en contact avec une chose en mouvement.	**La victime n'a pas été en contact avec une chose en mouvement ou elle a été en contact avec une chose inerte.**
↓	↓
Le rôle actif est présumé.	La victime doit prouver le rôle actif de la chose : son mauvais état, sa position ou son comportement anormal.
Ex. : un pot de fleurs tombe d'un balcon sur un piéton.	Ex. : une personne glisse et heurte le verre fragile d'une baie vitrée.

DOC. 12 La responsabilité du fait des choses, une responsabilité sans faute

La victime n'a pas besoin de prouver que le gardien de la chose a commis une faute dans l'utilisation de la chose pour engager sa responsabilité. De plus, ce dernier ne peut pas s'exonérer de sa responsabilité en prouvant qu'il n'a commis aucune faute.
Le gardien de la chose pourra s'exonérer de sa responsabilité en prouvant une cause étrangère : un cas de force majeure (imprévisible, irrésistible et extérieur), le fait d'un tiers ou la faute de la victime.

DOC. 13 La responsabilité du fait des produits défectueux

Lorsqu'une personne subit un dommage du fait d'un défaut de fabrication d'un produit, elle peut en obtenir réparation auprès du producteur, du fabricant (ou, à défaut, de l'importateur, du vendeur ou du loueur professionnel). La loi organise en effet un régime spécial de responsabilité du fait des produits défectueux.
C'est une **responsabilité sans faute** : la victime n'a pas à prouver une faute de la part du producteur. Ce dernier ne peut pas non plus s'exonérer de sa responsabilité en prouvant qu'il n'a pas commis de faute.
Pour être engagée, trois conditions doivent être réunies.

Un défaut du produit (atteinte à la sécurité à laquelle on peut légitimement s'attendre) → **Un lien de causalité** → **Un dommage à une personne ou à un bien autre que le produit défectueux**

La loi liste précisément les cas d'exonération du producteur (par exemple, ce n'est pas le producteur qui a mis le produit en circulation, ou bien le produit n'était pas destiné à être vendu). La loi prévoit également que le fait d'un tiers (qui aurait participé à la réalisation du dommage) ne peut pas exonérer le producteur de sa responsabilité, ni partiellement ni totalement.

Situation

Sur un quai de RER, Valéry B. est soudainement ceinturé par un homme souffrant de schizophrénie. Les deux hommes chutent sur les voies et décèdent, percutés par le train qui arrivait. Les proches de Valéry B. engagent la responsabilité du fait des choses de la SNCF. Le 8 février 2018, la Cour de cassation confirme l'arrêt d'appel qui avait exonéré totalement la SNCF : l'agression par le tiers était un cas de force majeure (le laps de temps a été court entre l'agression et le décès, aucune mesure de surveillance ou de protection n'aurait permis de prévenir ou d'empêcher l'agression).

25 Quelle est la chose qui a entraîné le dommage dans cette affaire ? Doc. 11

....

26 Pourquoi la SNCF est-elle considérée comme le gardien de cette chose ? Doc. 11

....

27 Les proches de la victime ont-ils eu besoin de prouver le rôle actif de la chose ? Doc. 11

....

....

28 Doit-on prouver une faute de la SNCF pour engager sa responsabilité du fait des choses ? Doc. 12

....

29 Pourquoi la SNCF est-elle exonérée de toute responsabilité ? Doc. 12

....

Situation

Le 28 décembre 2014, un avion A320 s'échoue en mer et provoque la mort de tous les passagers. Les proches des victimes engagent la responsabilité d'Airbus, fabricant de l'avion, et celle d'Artus, fabricant d'un composant électronique équipant l'appareil. L'enquête révèle que l'accident a été causé par la défectuosité de l'avion et du composant électronique, mais aussi par les manquements aux obligations de maintenance de la compagnie aérienne et la mauvaise réaction de l'équipage. Pour la Cour de cassation (arrêt du 28 novembre 2018), ces fautes de la compagnie et de l'équipage n'exonèrent pas Airbus ni Artus.

30 Quelle responsabilité est ici engagée contre les sociétés Airbus et Artus ? Doc. 13

....

31 Retrouvez les conditions d'engagement des responsabilités d'Airbus et d'Artus. Doc. 13

....

....

32 Pourquoi les fautes de la compagnie aérienne et de l'équipage n'exonèrent-elles ni Airbus ni Artus ? Doc. 13

....

....

Allez plus loin ! STMG_Droit_Term_Plus_loin_Ch04_partie4.pdf Vers PIX

5 Appliquer les règles relatives à l'indemnisation des victimes d'accidents de la circulation

DOC. 14 La protection des victimes d'accidents de la circulation

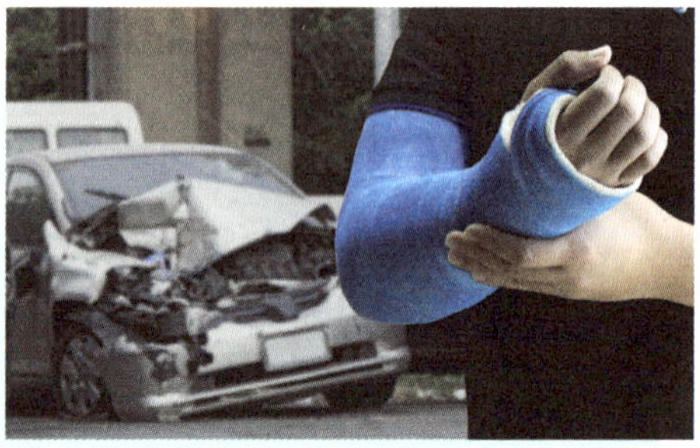

Face à l'augmentation des accidents de la route avec le développement de la circulation automobile, le législateur a instauré, par la loi du 5 juillet 1985 (dite « loi Badinter »), un régime spécifique pour garantir l'indemnisation des victimes d'accidents.
Trois conditions doivent être réunies pour obtenir réparation.

Un véhicule terrestre à moteur (VTM)	+	Un accident de la circulation	+	L'implication du VTM dans l'accident
Ex. : voiture, camion, moto, tracteur.		Ex. : accident sur la voie publique, sur un chantier.		Le VTM (même en stationnement) a joué un rôle dans l'accident.

DOC. 15 L'indemnisation des dommages corporels

La loi distingue selon que la victime était conductrice d'un véhicule ou non.

Victimes non conductrices (piétons, cyclistes…) →	Tous les dommages corporels sont indemnisés. Le conducteur est exonéré si l'accident est exclusivement dû à une faute inexcusable de la victime (ex. : traverser une autoroute à pied).
Victimes conductrices d'un VTM →	Tous les dommages corporels sont indemnisés. Mais les fautes commises par ces victimes réduisent ou suppriment leur droit à réparation si ces fautes ont contribué à l'accident.

Quelle que soit la victime, le conducteur, auteur du dommage, ne peut pas s'exonérer de sa responsabilité en invoquant un cas de force majeure. Il ne peut pas non plus invoquer qu'il n'a pas commis de faute.

DOC. 16 La prise en charge de l'indemnisation des dommages corporels

La loi impose à tout propriétaire d'un véhicule de souscrire une assurance couvrant la mise en jeu de sa responsabilité : ainsi, en cas d'accident, l'indemnisation de la victime sera prise en charge par la compagnie d'assurances.

En 2020, plus de 27 000 accidents ont été causés par des automobilistes non assurés.

Depuis 1951, le Fonds de garantie des assurances obligatoires de dommages (FGAO) prend en charge les indemnisations versées aux victimes d'accidents de la circulation causés par des conducteurs non assurés ou non identifiés. Il se finance grâce aux contributions versées par l'ensemble des assurés. Il est placé sous le contrôle du ministère de l'Économie et des Finances.

Situation Une nuit de janvier, dans les rues de Lyon, deux amis circulent sur une trottinette électrique. Alors qu'ils sont sur une voie de bus, ils sont percutés par une voiture. Ils sont hospitalisés : l'un d'eux souffre d'un traumatisme crânien.

33 Que garantit la loi du 5 juillet 1985 aux victimes de l'accident ? Doc. 14

....

34 Retrouvez, dans cette affaire, les conditions d'application de la loi de 1985. Doc. 14

....

....

....

Situation **Faits** : le 4 août 2021, un piéton a été percuté par une trottinette électrique sur un passage protégé à Rouen. Il a été blessé en heurtant le sol de la tête.

Réglementation : depuis le décret du 25 octobre 2019, les NVEI (nouveaux véhicules électriques individuels), c'est-à-dire les trottinettes électriques et les gyropodes, sont soumis au Code de la route et considérés comme des véhicules terrestres à moteur.

35 Quels sont les dommages qui seront réparés ? Doc. 15

....

36 Si le piéton avait commis une faute (traversée de la rue au feu rouge par exemple), sa faute aurait-elle une incidence ? Doc. 15

....

....

37 L'utilisateur de la trottinette peut-il invoquer un cas de force majeure pour être exonéré ? Doc. 15

....

....

38 Si l'accident était survenu entre la trottinette et un gyropode dont l'utilisateur n'avait pas respecté le feu rouge, cette faute aurait-elle une incidence ? Doc. 15

....

....

Situation Une piétonne de 56 ans a été percutée violemment par une voiture alors qu'elle traversait la chaussée. [...] La victime n'a pas pu être réanimée. [...] Le conducteur ferait l'objet d'une suspension de permis de conduire. En outre, le véhicule en cause n'était pas assuré.

www.petitbleu.fr, 10 juin 2021.

39 Qui prendra en charge l'indemnisation des dommages dans cette affaire ? Doc. 16

....

....

Allez plus loin ! STMG_Droit_Term_Plus_loin_Ch04_partie5.pdf Vers PIX

Applications

1 Testez vos connaissances

Répondez par vrai ou par faux aux propositions suivantes.

1. Le débiteur dans un contrat s'engage toujours à parvenir à un résultat.
☐ Vrai ☐ Faux
2. Un cas de force majeure peut exonérer un débiteur dans un contrat.
☐ Vrai ☐ Faux
3. La preuve d'une faute suffit à engager la responsabilité du fait personnel.
☐ Vrai ☐ Faux
4. Seule une faute volontaire engage la responsabilité du fait personnel.
☐ Vrai ☐ Faux
5. Les parents sont responsables des dommages causés par leur enfant.
☐ Vrai ☐ Faux
6. Les parents sont responsables même en l'absence de faute de l'enfant.
☐ Vrai ☐ Faux
7. Seul le propriétaire est responsable des dommages causés par une chose.
☐ Vrai ☐ Faux
8. La responsabilité du fait des choses est une responsabilité sans faute.
☐ Vrai ☐ Faux
9. Les accidents de circulation relèvent d'un régime spécifique d'indemnisation.
☐ Vrai ☐ Faux
10. Les victimes conductrices sont mieux protégées que les victimes non conductrices.
☐ Vrai ☐ Faux

2 Identifier le régime de responsabilité applicable

S'étant aperçu in extremis qu'il s'était trompé de direction, M. X... a été blessé en essayant de descendre d'un train alors que celui-ci avait reçu le signal du départ. Le malheureux passager a demandé à être indemnisé de son préjudice par la SNCF. L'affaire a été portée en justice et le premier jugement a fait l'objet d'un appel. La cour d'appel a retenu l'entière responsabilité contractuelle de la SNCF. Cette dernière a formé un pourvoi en cassation.

DOC. Arrêt de la Cour de cassation (extrait)

Attendu que, pour retenir la responsabilité contractuelle de la SNCF et la condamner à payer une provision à M. X..., l'arrêt retient qu'il importe peu à la solution du litige que celui-ci se soit trompé de rame car, titulaire d'un abonnement régulier, il avait bien souscrit un contrat de transport avec la SNCF ; qu'en statuant ainsi, tout en constatant que l'accident n'était pas survenu dans l'exécution du contrat convenu entre les parties, la cour d'appel a violé les textes [...].
[La Cour de cassation prononce alors la cassation et l'annulation de l'arrêt de la cour d'appel].

1. Quels sont les faits à l'origine de l'affaire ?
2. Pourquoi la cour d'appel a-t-elle retenu la responsabilité contractuelle de la SNCF ?
3. Pourquoi la Cour de cassation casse-t-elle l'arrêt d'appel ?
4. Quel est le régime de responsabilité qui aurait pu être ici engagé contre la SNCF ?

3 Appliquer les règles relatives à la responsabilité contractuelle

★

DOC. Quand le skieur tombe du télésiège

Lorsque le skieur se blesse dans une remontée mécanique ou sur une piste, il peut mettre en cause l'exploitant de la station. S'il avait acheté un forfait – qui lui tient lieu de contrat –, il peut le faire sur le fondement de [la responsabilité contractuelle]. Il doit alors prouver que l'exploitant n'a pas respecté l'obligation de sécurité prévue par ce contrat, qu'elle soit de résultat ou de moyens.

L'exploitant est tenu envers ses clients à une obligation de sécurité de résultat, quand ces derniers sont passifs, et d'une obligation de sécurité de moyens, quand ils sont actifs. La Cour de cassation a donc jugé, le 10 mars 1998, que l'exploitant d'un télésiège a une obligation de résultat pendant le trajet, puisque le passager est passif, et une obligation de moyens pendant l'embarquement ou le débarquement, puisque le passager est actif. […]

La jurisprudence en matière de téléski est, pour sa part, fixée depuis un arrêt du 4 novembre 1992 : « En raison de la participation active que l'usager d'un remonte-pente, tiré sur ses skis, est tenu d'apporter à l'opération, spécialement au départ et à l'arrivée, l'obligation de sécurité pesant sur l'exploitant est une obligation de moyens. » […]

Rafaële Rivais, www.lemonde.fr, 4 mars 2019.

1. Expliquez pourquoi ces affaires relèvent de la responsabilité contractuelle.
2. Quel critère détermine si l'obligation de sécurité est de résultat ou de moyens ?
3. Présentez, sous forme de schéma, les solutions de la Cour de cassation.
4. Quelle est la principale incidence, pour le créancier de l'obligation de sécurité, que celle-ci soit de résultat ou de moyens ?

4 Analyser les faits pour déterminer le régime applicable

★★

Salima, munie d'un billet, se rend en train à Paris avec deux amies pour assister au concert de Lady Coco, star internationale. Pendant le voyage, on lui vole son sac à main, qui contenait les trois places de concert (pour un montant total de 450 €). Pour Salima, la SNCF est responsable car elle n'a pas pu s'asseoir à la place qu'elle avait réservée (le train était bondé en raison d'une annulation d'un autre train). Or, le vol de son sac a eu lieu quand elle allait vérifier que sa grosse valise (non déposée à l'emplacement prévu à cet effet, faute de place) ne gênait pas le passage.

Les conditions générales de vente de la SNCF stipulent que « la SNCF n'assume aucune responsabilité en ce qui concerne les bagages à main, qui demeurent sous la garde exclusive du voyageur [...] sauf à rapporter la preuve d'une faute de celle-ci. Si une telle preuve est rapportée, le montant de l'indemnité à verser par la SNCF ne pourra pas excéder 360 € ».

Répondez aux questions suivantes à l'aide du document ci-dessous.

1. Sur quel fondement Salima doit-elle agir pour obtenir réparation de son préjudice ?
2. Qualifiez les clauses aménageant la responsabilité de la SNCF.
3. Si Salima parvient à prouver une faute, pourra-t-elle obtenir le remboursement des trois places de concert ?

DOC. La réparation des dommages causés en matière contractuelle

- **Article 1231-3 du Code civil :** « Le débiteur n'est tenu que des dommages et intérêts qui ont été prévus ou qui pouvaient être prévus lors de la conclusion du contrat […]. »
- Les contractants peuvent, dans leur contrat, aménager l'étendue de leur responsabilité :
  – la **clause exonératoire de responsabilité** affranchit le débiteur de sa responsabilité ;
  – la **clause limitative de responsabilité** fixe un montant maximum de dommages-intérêts.

Applications

5 Appliquer les règles de la responsabilité du fait des animaux

★★

Répondez aux questions suivantes à l'aide des documents.

1. Quels sont les faits à l'origine du litige ? Qu'a obtenu la victime ?
2. Quel est l'argument des propriétaires des chiens dans leur pourvoi en cassation ?
3. Expliquez la solution de la Cour de cassation.
4. Pour s'exonérer de leur responsabilité, les propriétaires des chiens peuvent-ils invoquer :
   – que les chiens s'étaient égarés ?
   – qu'ils n'ont commis aucune faute ?

DOC. 1 Mieux vaut tenir son chien en laisse !

[…] [Alors] qu'une cavalière et un cavalier se promènent au pas sur un chemin, deux gros chiens – non tenus en laisse – accourent depuis un talus en surplomb du chemin. Les chevaux s'affolent, l'un oblige l'autre à se cabrer. La cavalière, malgré son expérience, chute et subit un préjudice.

La Haute Juridiction rejette les pourvois des propriétaires des chiens et de leurs assureurs, condamnés *in solidum* [ensemble] à indemniser la victime. Pour leur défense, ils faisaient valoir l'absence de rôle actif de leurs chiens dans la survenance du dommage, au motif qu'il n'y avait pas eu contact avec les équidés ou la victime. […] La Cour de cassation confirme l'appréciation souveraine des juges du fond, lesquels ont retenu un comportement anormal des chiens. […] La brusque apparition [des chiens, non tenus en laisse] […] peut être vue comme un comportement anormal de l'animal.

D'après un arrêt de la Cour de cassation du 17 janvier 2019.
www.argusdelassurance.com

DOC. 2 Article 1243 du Code civil

« Le propriétaire d'un animal, ou celui qui s'en sert, pendant qu'il est à son usage, est responsable du dommage que l'animal a causé, soit que l'animal fût sous sa garde, soit qu'il fût égaré ou échappé. »
La responsabilité du fait des animaux est une responsabilité sans faute.

6 Comprendre l'indemnisation des accidents du travail

★

Une salariée participait à un séminaire organisé par son employeur dans une station de ski. Le 1er avril 2010, cette femme a eu un accident sur les pistes. Elle a demandé à bénéficier de la législation applicable aux accidents du travail, ce qu'a refusé de lui accorder la Caisse primaire d'assurance maladie (CPAM) au motif que la victime avait décidé de son propre chef d'exercer pendant sa journée de repos une activité de loisir qui n'était ni organisée ni même prise en charge par l'employeur. La salariée a saisi la justice. Après la décision des juges du premier degré, la cour d'appel a été saisie. Elle a décidé d'obliger la CPAM à prendre en charge au titre de la législation professionnelle l'accident de ski dont a été victime l'intéressée. La CPAM a formé un pourvoi en cassation.

1. Quel est l'accident du travail invoqué par la victime ?
2. Qu'a décidé la cour d'appel ?
3. Pourquoi la Cour de cassation l'approuve-t-elle ?

DOC. 1 Arrêt de la Cour de cassation du 21 juin 2018 (extrait)

[…] Attendu que l'arrêt retient qu'il ressort de l'enquête de la caisse [CPAM] que Mme X... a participé à un séminaire d'entreprise organisé à La Clusaz du 30 mars au 2 avril 2010 ; qu'il était prévu une journée de détente où les participants étaient libres de se livrer aux activités sportives qu'ils souhaitaient ; que durant cette journée, rémunérée comme du temps de travail, les salariés restaient soumis à l'autorité de la société organisatrice du séminaire […] ;
Que de ces constatations et énonciations […] la cour d'appel a exactement déduit que l'accident devait être pris en charge au titre de la législation professionnelle ; […]
PAR CES MOTIFS : REJETTE le pourvoi […].

DOC. 2 Article L.411-1 du Code de la Sécurité sociale

« Est considéré comme accident du travail, quelle qu'en soit la cause, l'accident survenu par le fait ou à l'occasion du travail à toute personne salariée ou travaillant, à quelque titre ou en quelque lieu que ce soit, pour un ou plusieurs employeurs ou chefs d'entreprise. »

Entraînement au bac

Victime du coronavirus

Capacités

- Qualifier les dommages juridiquement réparables.
- Analyser et qualifier les faits pour identifier le ou les régimes de responsabilité applicables.
- Apprécier les moyens d'exonération.
- Expliquer comment et pourquoi s'est construit ce système complexe d'indemnisation au profit des victimes.

À l'aide de vos connaissances et des ressources documentaires en annexe, analysez la situation juridique ci-dessous et répondez aux questions posées.

Situation

Béatrice, mariée à Marc et mère de deux enfants, a été contaminée par le coronavirus (Covid-19) lors de son hospitalisation pour une opération du genou dans une clinique privée. L'opération chirurgicale s'est pourtant bien passée : le chirurgien, qui a respecté les règles de l'art médical, était satisfait de l'intervention. Mais l'état de santé de Béatrice s'est ensuite dégradé : les analyses médicales ont montré qu'elle a été infectée par le coronavirus. En effet, un autre patient, admis à la clinique peu de temps avant Béatrice, s'est révélé contaminé par ce virus. La clinique soutient avoir fait le nécessaire pour éviter sa propagation dans ses locaux.

Béatrice est aujourd'hui guérie, mais malgré les soins prodigués, elle souffre d'importantes lésions au niveau de ses capacités respiratoires. Elle ne pourra plus travailler, ni jouer de la flûte traversière au sein du petit orchestre de sa ville. Marc, son mari, se retrouve seul pour subvenir aux besoins de la famille. Ils envisagent d'agir en justice contre le chirurgien et la clinique pour obtenir réparation.

1. Résumez les faits en utilisant des qualifications juridiques.
2. Développez l'argumentation juridique que Béatrice peut avancer pour engager la responsabilité du chirurgien.
3. Présentez les arguments opposés par la clinique pour s'exonérer de sa responsabilité.
4. Si la clinique n'est pas responsable, comment les préjudices peuvent-ils être réparés ?
5. Montrez en quoi l'indemnisation de l'aléa thérapeutique remet en cause les principes de la responsabilité civile.

ANNEXE 1 Cour de cassation, 20 mai 1936, *Mercier*

[Attendu] qu'il se forme entre le médecin et son client un véritable contrat comportant, pour le praticien, l'engagement, sinon, bien évidemment, de guérir le malade, [...] du moins de lui donner des soins, [...] consciencieux, attentifs [...].

ANNEXE 2 Article L1142-1 I du Code de la santé publique (extrait)

Hors le cas où leur responsabilité est encourue en raison d'un défaut d'un produit de santé, les professionnels de santé [...], ainsi que tout établissement, service ou organisme dans lesquels sont réalisés des actes individuels de prévention, de diagnostic ou de soins ne sont responsables des conséquences dommageables d'actes de prévention, de diagnostic ou de soins qu'en cas de faute. [...]

ANNEXE 3 L'aléa thérapeutique

[…] L'aléa thérapeutique est un risque d'incident à l'occasion d'un acte médical : même en l'absence de toute faute, chaque acte est susceptible d'entraîner des conséquences non souhaitées pour le patient. L'aléa thérapeutique est donc la conséquence anormale d'un acte de prévention, de diagnostic ou de soins. Ni l'état de santé initial du patient, ni l'évolution de sa maladie n'auraient dû entraîner de telles conséquences. L'aléa thérapeutique regroupe trois formes d'incident […] [dont] l'infection nosocomiale (à la suite d'une opération, le patient est infecté par un virus ou une bactérie contractée dans l'enceinte de l'établissement).

https://association-aide-victimes-france.fr

Code de la santé publique – Article L1142-1, alinéa 2 – « Les établissements [de santé] sont responsables des dommages résultant d'infections nosocomiales, sauf s'ils rapportent la preuve d'une cause étrangère. »

ANNEXE 4 Coronavirus (Covid-19) : les établissements de santé ont reçu des consignes

[…] Accueil des patients, repérage et isolement des « cas possibles », mesures d'hygiène « renforcées » pour les soignants… Depuis une semaine, hôpitaux et cliniques connaissent la marche à suivre pour endiguer une éventuelle propagation du Covid-19. Un « guide méthodologique » de 42 pages a en effet été édité le 20 février [2020] par le ministère de la Santé, à destination des établissements de santé mais aussi des médecins libéraux et du secteur médico-social.

[…] [Les établissements de santé] « doivent se préparer » à « recevoir un patient (contaminé) qui se présenterait fortuitement », explique ce document. Ils doivent donc « disposer d'une chambre ou box d'isolement », si possible « séparée des autres zones de soins », et équipée du strict nécessaire : téléphone, thermomètres, masques de protection. Les protocoles de décontamination des locaux et la gestion des déchets doivent être « formalisés » par écrit […].

AFP, 27 février 2020.

ANNEXE 5 La prise en charge de l'aléa thérapeutique par la solidarité nationale

Si la responsabilité du professionnel de santé ou de l'établissement de soins ne peuvent pas être engagées, la réparation des préjudices subis suite à un aléa thérapeutique est prise en charge par la solidarité nationale : ce sont ainsi les impôts et contributions versés par les citoyens qui financent l'indemnisation.
La loi a créé à cet effet un organisme public, l'Office national d'indemnisation des accidents médicaux (ONIAM). Les victimes d'aléa thérapeutique sont indemnisées si trois conditions sont réunies. Il faut que le dommage soit « directement imputable à des actes de prévention, de diagnostic ou de soins », qu'il ait pour le patient « des conséquences anormales au regard de son état de santé comme de l'évolution prévisible de celui-ci », et qu'il soit suffisamment grave (une atteinte à l'intégrité physique ou psychique supérieure à 24 %, un arrêt des activités professionnelles pendant une durée supérieure à 6 mois, etc.).

ANNEXE 6 Responsabilité ou solidarité ?

Rendre une personne juridiquement responsable signifie qu'elle doit répondre des conséquences de ses actes. Cela implique que l'on puisse lui imputer l'origine du dommage qui s'est produit. Apparaissent aujourd'hui des modes d'indemnisations qui ne reposent pas sur la démonstration de la responsabilité d'une ou de plusieurs personnes. Dans ces régimes, la mise en œuvre d'une responsabilité se trouve contournée en faveur de mécanismes d'indemnisation automatiques et collectifs. Ces mécanismes ne mettent plus en présence la victime et un responsable. Pour indemniser ces dommages, le système juridique s'est fondé sur l'idée de solidarité nationale. Il s'agit donc d'une socialisation des risques. […] Parce que l'indemnisation pèse lourdement sur la collectivité, tout préjudice n'est pas automatiquement regardé comme réparable. Ainsi, certains régimes ne prennent en considération que les dommages d'un seuil de gravité élevée.

D'après Judith Rochefeld, *Les Grandes Notions du droit privé*, Éd. PUF, 2013.

Le contrat de travail et le salariat

5

Capacités

- Qualifier une relation de travail dans une situation donnée.
- Repérer les éléments essentiels d'un contrat de travail à partir d'un contrat donné.
- Vérifier la conformité d'un CDI aux normes juridiques, y compris à la convention collective ou l'accord d'entreprise dans une situation donnée.

Vers PIX

D.1.1. - Mener une recherche et une veille d'information

Avant la classe

Vidéo : « Deux ex-livreurs de «Take Eat Easy» reconnus comme salariés par la justice » – RTL
liennathan.fr/62smr2

Quel est l'intérêt pour le prestataire de travail de se voir reconnaître le statut de salarié par la justice ?

Situation

Le chauffeur VTC est un salarié

La Cour de cassation vient de requalifier le contrat liant un chauffeur à la plateforme Uber en contrat de travail (arrêt du 4 mars 2020). Cette affaire concernait un chauffeur qui avait saisi le conseil de prud'hommes de Paris, suite à son exclusion de la plateforme, pour demander à ce que son contrat de partenariat (prestation de service) soit requalifié en contrat de travail. Le conseil de prud'hommes ne lui avait pas donné raison mais la cour d'appel de Paris avait, elle, jugé que le chauffeur était bien lié à la plateforme par un contrat de travail.

www.callalawyer.fr, 5 mars 2020.

En décembre 2017, la cour d'appel de Paris avait déjà requalifié le partenariat entre un chauffeur VTC indépendant et la plateforme LeCab en salariat, relevant que l'application « avait le pouvoir de donner des ordres et des directives (au chauffeur), d'en contrôler la bonne exécution ».
La Cour de cassation avait aussi établi fin novembre [2018], également pour la première fois, un lien de subordination entre la défunte société de livraison de repas Take Eat Easy et l'un de ses coursiers à vélo.

www.lexpress.fr, 22 janvier 2019.

1 Qualifier le contrat de travail

DOC. 1 La définition du contrat de travail et du salarié

La loi ne définit pas le contrat de travail. D'après la jurisprudence, le contrat de travail est celui par lequel une personne (le salarié) s'engage à fournir une **prestation de travail** en échange d'une **rémunération** (le salaire), pour le compte et **sous la direction** (le lien de subordination) d'une autre personne (l'employeur).
Ainsi défini, le contrat de travail est le cadre de l'application du droit du travail et le travailleur-salarié bénéficie de ses règles protectrices (durée du travail, congés payés, rémunération minimale…).

DOC. 2 Le lien de subordination

L'un des critères clés du contrat de travail est l'existence d'un lien de subordination entre les parties. La Cour de cassation a depuis des années une position constante sur le sujet. Elle juge que le lien de subordination est caractérisé par l'exécution d'un travail sous l'autorité d'un employeur qui a le pouvoir de **donner des ordres** et des directives, d'en **contrôler l'exécution** et de **sanctionner les manquements** de son subordonné.
Les parties, dans le contrat, ne peuvent pas déroger à ce principe constant. Il en découle que l'existence d'une relation de travail de nature salariée ne dépend ni de la dénomination donnée dans le contrat ni de la volonté des parties, mais des conditions de fait dans lesquelles est exercée l'activité professionnelle.

www.cogefar.com

DOC. 3 La requalification d'un contrat en contrat de travail

Comment ?	Pourquoi ?
En saisissant le conseil de prud'hommes, dans le cadre d'une **action judiciaire** spécifique.	Pour bénéficier de l'application du droit du travail, en particulier des **indemnités de rupture** en cas de licenciement non justifié.

En obtenant la requalification du contrat commercial en contrat de travail, l'autoentrepreneur* [travaillant pour Uber] est fondé à obtenir une indemnisation importante, à savoir paiement d'une indemnité au titre du travail dissimulé, soit 6 mois de salaire (cf. articles L. 8221-5 et L. 8223-1 du Code du travail).
Le chauffeur peut également revendiquer les droits reconnus par le Code du travail à tous les salariés, à savoir notamment :
– paiement des congés payés (2,5 jours ouvrables acquis par mois) ;
– le cas échéant, paiement d'un rappel de salaire sur la base du SMIC […].
Si le contrat a été rompu, le chauffeur pourra contester la validité de la rupture (en l'absence de licenciement en bonne et due forme) et réclamer des dommages et intérêts sur la base des dispositions du Code du travail :
– une indemnité au titre du licenciement sans cause réelle et sérieuse ;
– une indemnité compensatrice de préavis ;
– une indemnité de licenciement légale ou conventionnelle ;
– une indemnité compensatrice de congés payés.

* Aujourd'hui, « microentrepreneur ».

Marie Thibaud-Faber, avocate sur www.village-justice.com

Situation

La Cour de cassation a décidé de requalifier en contrat de travail la relation contractuelle entre la société Uber et un chauffeur. En effet, lors de la connexion à la plateforme numérique Uber, il existe un lien de subordination entre le chauffeur et la société. Dès lors, le chauffeur ne réalise pas sa prestation en qualité de travailleur indépendant mais en qualité de salarié. [...]

Dans le cadre d'un contrat de travail, le lien de subordination repose sur le pouvoir de l'employeur de donner des instructions, d'en contrôler l'exécution et de sanctionner le non-respect des instructions données.

Le chauffeur qui a recours à l'application Uber ne se constitue pas sa propre clientèle, ne fixe pas librement ses tarifs et ne détermine pas les conditions d'exécution de sa prestation de transport. L'itinéraire lui est imposé par la société et [...] à partir de trois refus de courses, la société Uber peut déconnecter temporairement le chauffeur de son application.

Ainsi, l'ensemble de ces éléments caractérise l'existence d'un lien de subordination entre le chauffeur et la société Uber [...], son statut d'indépendant n'étant que fictif.

www.courdecassation.fr

1 Relevez les éléments définissant le contrat de travail. Doc. 1

....

....

2 Quel type de relation entre les parties le lien de subordination fait-il naître ? Quels en sont les risques ? Doc. 2

....

....

....

3 Quels sont les travailleurs protégés par le droit du travail ? Doc. 1 et 3

....

4 Qu'est-ce que la requalification d'un contrat en contrat de travail ? Doc. 2 et 3

....

....

5 Pourquoi un chef d'entreprise peut-il redouter cette requalification au profit de ses collaborateurs ? Doc. 3

....

....

6 Quelle requalification de la rupture des relations contractuelles accompagne la requalification en contrat de travail ? Quelles en sont les conséquences ? Doc. 3

....

....

....

Allez plus loin ! STMG_Droit_Term_Plus_loin_Ch05_partie1.pdf Grand oral

2 Distinguer le contrat de travail du contrat d'entreprise

DOC. 4 Deux interprétations du statut des chauffeurs Uber

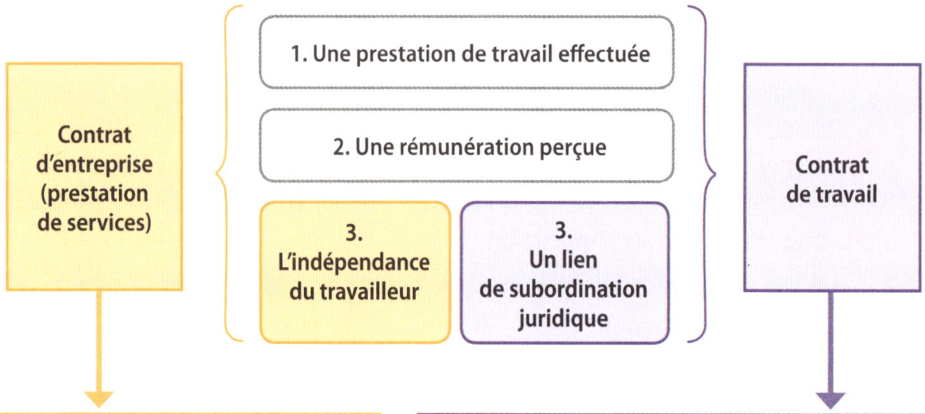

Par une décision en date du 7 avril 2021, la cour d'appel de Paris a rejeté la demande de requalification du contrat de prestation d'un livreur de la plateforme de livraison de repas Deliveroo en contrat de travail.
Après avoir signé un contrat de prestation de service avec la société Deliveroo, un livreur voit son contrat résilié. Il saisit alors le conseil de prud'hommes de Paris aux fins de requalification de son contrat. Au soutien de sa demande, il invoque l'existence d'instructions strictes de la part de la société concernant les tarifs, la tenue vestimentaire, la fixation des horaires de travail, un contrôle de géolocalisation et enfin la possibilité pour la société de pratiquer des retenues tarifaires. Pour le livreur, ces indices font transparaître l'existence d'un lien de subordination […]. La cour d'appel a débouté le livreur de sa demande de requalification en contrat de travail en ce que les critères du lien de subordination n'étaient pas réunis, confirmant le jugement rendu par le conseil de prud'hommes de Paris.

www.norma-avocats.com, 18 mai 2021.

Un travailleur indépendant […] peut demander une requalification de ses prestations en contrat de travail s'il parvient à prouver qu'il existe un lien de subordination avec son « client ». […]
Le lien de subordination […] est mis en lumière ces dernières années à travers le phénomène d'uberisation. L'uberisation est une expression qui renvoie en premier lieu à la plateforme de chauffeurs privés Uber. Mais depuis 10 ans, de nombreuses entreprises se sont développées sur le même modèle. […] En France, la jurisprudence s'est exprimée […] en faveur des travailleurs indépendants en leur reconnaissant le statut de salarié :
– pour un livreur de la plateforme Take East Easy (arrêt du 28 novembre 2018) ;
– très récemment, pour un chauffeur de la plateforme Uber (arrêt du 4 mars 2020).
[…] Pour étudier l'éventuel lien de subordination entre un prestataire indépendant et son client, la justice va étudier deux critères :
– une personne physique ou morale fait figure d'employeur ;
– cette personne impose à son prestataire une certaine organisation, notamment économique, à laquelle ce dernier se soumet.

www.litige.fr, 19 mars 2020.

DOC. 5 La situation du prestataire de services

Le **contrat de prestation de services** est une convention par laquelle le prestataire de services s'engage à réaliser un service **de manière indépendante** pour un client, qui s'engage à verser une rémunération en contrepartie du travail effectué. Le service est donc réalisé sans contrat de travail. […] On recense les prestations de services en restauration (cuisinier, commis aux cuisines), en informatique (administrateur, base de données, développeur Web), en conseil (à la sécurité, en création d'entreprise), en investissement, en logistique, etc.

www.legalplace.fr

Situation

Avant de travailler pour la plateforme Uber, vous devez avant tout exercer, à titre indépendant, une activité de chauffeur professionnel, appelé chauffeur VTC (Véhicule de Tourisme avec Chauffeur). [...]

En second lieu, en tant que chauffeur professionnel, vous devez obtenir un statut juridique pour pouvoir légalement exercer votre activité (et émettre des factures). Les chauffeurs professionnels doivent s'immatriculer auprès du Centre de Formalité des Entreprises (CFE) de la Chambre des Métiers et de l'Artisanat dont ils relèvent (l'activité de transport de personnes VTC est effectivement considérée comme une prestation de services de nature artisanale). [...]

Une fois l'activité de chauffeur professionnel VTC légalement créée, vous devez obtenir l'autorisation de vous inscrire sur la plateforme Uber pour bénéficier de leurs services.

www.l-expert-comptable.com

7 Relevez les points communs et l'élément distinctif du contrat d'entreprise et du contrat de travail. ▶ Doc. 4

....

....

8 Pourquoi le statut des chauffeurs Uber est-il, en principe, celui de travailleurs indépendants offrant une prestation de services ? ▶ Situation et doc. 4

....

....

9 Quel critère essentiel du statut de prestataire de services le conseil de prud'hommes de Paris a-t-il retenu ? Comment ce critère se manifestait-il selon les juges ? ▶ Doc. 4 et 5

....

....

....

10 Précisez sur quelles constatations on peut s'appuyer pour qualifier le contrat des chauffeurs Uber de contrat de travail. ▶ Doc. 4

....

....

11 Illustrez l'existence d'un contrat d'entreprise dans différentes situations. ▶ Doc. 5

....

....

....

Allez plus loin ! STMG_Droit_Term_Plus_loin_Ch05_partie2.pdf ▶ Vers PIX

3 Apprécier les pouvoirs de l'employeur sur le salarié

DOC. 6 Les trois pouvoirs de l'employeur

- Le **pouvoir de direction** permet à l'employeur d'organiser le travail des salariés, de déterminer les horaires, de préciser les tâches de chacun, de fixer le lieu d'exécution du travail…
- Le **pouvoir réglementaire** permet à l'employeur d'énoncer les consignes gouvernant le travail (hygiène, sécurité…) – parfois au travers du règlement intérieur – et de prévoir les sanctions en cas de faute des salariés.
- Le **pouvoir disciplinaire** permet à l'employeur de sanctionner les salariés ayant commis une faute dans l'exercice de leur fonction.

DOC. 7 La mise en œuvre du pouvoir réglementaire selon le Code du travail

L'existence d'un règlement intérieur

Article L. 1311-2 – L'établissement d'un règlement intérieur est obligatoire dans les entreprises ou établissements employant habituellement au moins vingt salariés. […]

L'objet du règlement intérieur

Article L. 1321-1 – Le règlement intérieur est un document écrit par lequel l'employeur fixe exclusivement :
1° Les mesures d'application de la réglementation en matière de santé et de sécurité dans l'entreprise ou l'établissement […] ;
2° Les conditions dans lesquelles les salariés peuvent être appelés à participer, à la demande de l'employeur, au rétablissement de conditions de travail protectrices de la santé et de la sécurité des salariés, dès lors qu'elles apparaîtraient compromises ;
3° Les règles générales et permanentes relatives à la discipline, notamment la nature et l'échelle des sanctions que peut prendre l'employeur.

Le contrôle du contenu du règlement intérieur

Article L. 1322-1 – L'inspecteur du travail peut à tout moment exiger le retrait ou la modification des dispositions contraires aux articles L. 1321-1 à L. 1321-3 et L. 1321-6.

DOC. 8 Le pouvoir disciplinaire de l'employeur

Sa raison d'être	Des **fautes commises par les salariés** : non-respect des consignes ou des horaires, refus de travailler sans motif légitime, insultes et/ou violence envers un supérieur hiérarchique ou un collègue, détérioration volontaire du matériel, infractions graves aux lois et règlements concernant la sécurité du travail.
Sa manifestation	Des **sanctions** proportionnées : avertissement oral ou écrit, mise à pied sans rémunération, rétrogradation professionnelle, licenciement pour faute.
Ses limites	1. L'interdiction de toute sanction pécuniaire (amende). 2. Le contrôle par les juges de la validité de la sanction infligée.

Situation Chez Uber, tous les collaborateurs ne se posent pas la question de leur statut juridique. Comme dans toute entreprise, des personnes sont détentrices d'un contrat de travail établi en bonne et due forme. Ici, il s'agit en particulier du personnel administratif et des cadres. Le lien de subordination – non contesté – met ces travailleurs dans l'obligation de respecter les pouvoirs de leur employeur.

12 Illustrez chacun des pouvoirs de l'employeur par des exemples de mesures qu'il peut prendre à l'égard de ses salariés. ▶ Doc. 6

....

....

....

13 Montrez la complémentarité des trois pouvoirs de l'employeur. ▶ Doc. 6

....

....

....

14 L'employeur exerce-t-il lui-même le pouvoir de direction dans une grande entreprise ? Justifiez. ▶ Doc. 6

....

....

15 Montrez que le contenu du règlement intérieur n'est pas librement déterminé par l'employeur. ▶ Doc. 7

....

16 Comment le pouvoir disciplinaire du chef d'entreprise se justifie-t-il ? ▶ Doc. 8

....

....

17 Quelle différence y a-t-il entre sanction pécuniaire et sanction ayant des incidences pécuniaires ? Ces sanctions sont-elles toutes interdites à l'employeur ? Justifiez par des exemples. ▶ Doc. 8

....

....

....

....

....

Allez plus loin ! STMG_Droit_Term_Plus_loin_Ch05_partie3.pdf ▶ Vers PIX

4 Apprécier les obligations de l'employeur à l'égard du salarié

DOC. 9 Les deux sources des obligations de l'employeur

Le respect des **règles d'ordre public** : les différentes règles émanant de sources de droit du travail supérieures au contrat de travail : loi, accords collectifs.	Le respect des **normes conventionnelles** : les engagements nés du contrat de travail.

DOC. 10 Les clauses générales du contrat de travail

CONTRAT DE TRAVAIL À DURÉE INDÉTERMINÉE (Extrait)

ENTRE LES SOUSSIGNÉS :
– SARL X… , société de transport routier, représentée par sa gérante Mme Y…, d'une part,
– et M. Z…, d'autre part,

IL A ÉTÉ CONVENU ET ARRÊTÉ CE QUI SUIT :

Article 1er – Embauche, qualification. M. Z… est embauché, sous réserve des résultats de la visite médicale obligatoire, dans le cadre d'un contrat à durée indéterminée, en tant qu'aide-comptable. Il assistera le comptable de l'entreprise, sous l'autorité duquel il est placé.

Article 2 – Période d'essai. M. Z… effectuera un essai de deux mois, durant lequel chacune des parties pourra librement rompre le contrat.

Article 3 – Lieu d'exercice. M. Z… est affecté au siège social de la SARL X…, situé à Toulon.

Article 4 – Durée du travail et horaires. M. Z… effectuera 35 heures hebdomadaires. Les horaires et l'organisation de la semaine sont précisés par la note de service en vigueur.

Article 5 – Rémunération. M. Z… percevra un salaire mensuel brut de 1 800 € (mille huit cents euros), versé le 28 de chaque mois civil.

[…]

Article 15 – Règles d'ordre public. Le présent contrat est soumis au respect des dispositions légales et de la convention collective nationale des transports routiers du 21 décembre 1950 (brochure n° 3085).

DOC. 11 Les règles encadrant le contrat de travail

Les règles d'ordre public imposées à l'employeur dans la formation et dans l'exécution du contrat de travail ont deux sources principales : la **loi**, d'une part, dont l'essentiel est intégré au Code du travail, les règles de **droit négocié**, d'autre part, qui se traduit par différents types d'accords collectifs :
– principalement des accords nationaux interprofessionnels (ANI),
– des conventions collectives de branche (accords concernant les employeurs et les salariés d'un secteur d'activité)
– et des accords d'entreprise (négociés entre un employeur et les syndicats de son entreprise).

La **négociation collective** se déroule entre les **partenaires sociaux** :
– les représentants du patronat – MEDEF, CPME, U2P – (ou l'employeur au niveau de l'entreprise)

MEDEF — cpme CONFÉDÉRATION DES PME — U2P union des entreprises de proximité

– et les syndicats de salariés – CFDT, CGT, FO, CFE-CGC, CFTC.

Syndicat CFTC La Vie à Défendre — la cgt — FO — CFE CGC — Cfdt:

Situation

Suite à la conclusion d'un contrat de travail l'employeur sera tenu de :
- fournir un travail à son salarié dans le cadre des horaires établis ;
- rémunérer le salarié du montant convenu dans le contrat de travail ;
- veiller à ce que le Code du travail et la convention collective soient respectés ;
- respecter les éléments relatifs à la qualification du salarié et au lieu de travail précisés dans le contrat.

www.coindusalarie.fr

18 Quelles sont les sources des obligations de l'employeur à l'égard de ses salariés ? Doc. 9 et 11

....

....

19 Quelles modalités d'exécution du travail sont précisées dans le contrat de travail ? Doc. 10

....

....

20 Donnez des exemples de règles prévues par la loi et s'imposant à l'employeur : Doc. 11

– en matière de salaire : ....

....

– en matière de durée du travail : ....

....

Situation

Uber [...] vient d'être touchée par une décision de la cour d'appel de Paris qui requalifie le lien entre Uber et l'un de ses anciens chauffeurs en contrat de travail [décision confirmée par la Cour de cassation]. [...] [Le syndicat] Force Ouvrière ne peut que se féliciter de cette décision. [...] Force Ouvrière porte les revendications des chauffeurs VTC, et a réclamé de nombreuses améliorations de leurs conditions de travail dans un courrier adressé au Premier ministre. [...] FO réaffirme plus largement son engagement et son soutien le plus total aux travailleurs des plateformes, et les appelle à envisager leur représentation.

Communiqué de FO, Paris, le 28 janvier 2019, www.force-ouvriere.fr

21 Identifiez les partenaires sociaux à l'origine du droit négocié. Doc. 11

les syndicats, et les représentant du patronat (employeurs)

22 Quel est l'intérêt de négocier le droit du travail au niveau national et au niveau de l'entreprise ? Doc. 11

accord interprofessionnels → pour améliorer les textes de droit. exemple : les congés

....

23 À quels types de travailleurs le syndicat FO apporte-t-il son soutien ? En quoi cela explique-t-il qu'il s'adresse aux travailleurs de Uber ? Situation et doc. 10

- les syndicats apportent leur soutien aux travailleurs uber (FO s'occupe des salariés)
- y considère que les chauffeurs Uber sont indépendant → ex y a un lien de subordination

Allez plus loin ! STMG_Droit_Term_Plus_loin_Ch05_partie4.pdf Vers PIX

Applications

1 Testez vos connaissances

Répondez par vrai ou par faux aux propositions suivantes.

1. Le contrat de travail n'existe que s'il est écrit.
   ☐ Vrai ☒ Faux
2. Toute personne travaillant contre rémunération est considérée comme salariée.
   ☐ Vrai ☒ Faux
3. Le lien de subordination est l'élément distinctif du contrat de travail.
   ☒ Vrai ☐ Faux
4. Le pouvoir réglementaire de l'employeur se traduit par la faculté de sanctionner les fautes des salariés.
   ☐ Vrai ☒ Faux
5. Aucune sanction pécuniaire ne peut sanctionner une faute d'un salarié.
   ☒ Vrai ☐ Faux
6. La requalification d'une situation de travail relève de la compétence de l'inspecteur du travail.
   ☐ Vrai ☒ Faux
7. La rédaction d'un règlement intérieur n'est obligatoire qu'à partir d'un effectif de 20 salariés.
   ☒ Vrai ☐ Faux
8. Le contrat d'entreprise se différencie du contrat de travail par la liberté d'action dans la prestation de travail.
   ☒ Vrai ☐ Faux
9. Les clauses du contrat de travail s'imposent aux deux parties avec la même force que la loi.
   ☒ Vrai ☐ Faux
10. Le contrat de travail peut prévoir un salaire inférieur au SMIC légal.
    ☐ Vrai ☒ Faux
11. On appelle « droit négocié » les accords collectifs conclus entre employeur(s) et syndicats de salariés.
    ☒ Vrai ☐ Faux

2 Maîtriser le vocabulaire juridique

★

Indiquez la formulation juridique qui correspond à chaque formulation du langage courant.

Formulations du langage courant

1. Le contrat de travail se caractérise par l'autorité du chef d'entreprise sur le salarié. •
2. Celui qui travaille en toute liberté ne peut pas être salarié. •
3. L'employeur ne peut pas violer la loi en rédigeant le contrat de travail. •
4. C'est par la mise en œuvre de ses capacités d'organisation que l'employeur impose les horaires et définit les tâches des salariés. •
5. Les syndicats et le patronat se mettent d'accord sur des règles de droit qui complètent les lois. •
6. Il arrive qu'un travailleur fasse dire par les juges qu'il exerce ses activités dans le cadre d'un contrat de travail. •

Formulations juridiques

- • **a.** C'est l'indépendance du travailleur qui caractérise le contrat d'entreprise (de prestation de services).
- • **b.** Les juges peuvent requalifier une situation de travail en contrat de travail.
- • **c.** L'élément distinctif du contrat de travail est le lien de subordination.
- • **d.** Le pouvoir de direction de l'employeur lui permet d'organiser le travail des salariés.
- • **e.** Les règles légales d'ordre public s'imposent à tout employeur.
- • **f.** Les partenaires sociaux sont habilités à élaborer les règles de droit négocié.

3 Comprendre la problématique de la requalification d'une situation de travail

★★

La société Take Eat Easy* utilisait une plateforme Web et une application afin de mettre en relation des restaurateurs partenaires, des clients passant commande de repas par l'intermédiaire de la plateforme et des livreurs à vélo exerçant leur activité sous un statut d'indépendant.

* Cette société a fait l'objet d'une liquidation judiciaire.

1. Résumez les faits en utilisant des qualifications juridiques.
2. Indiquez le problème juridique à l'origine du litige entre M. Y… et la société Take Eat Easy.
3. Quel est le sens de l'arrêt de la cour d'appel ? Comment peut-on l'expliquer ?
4. Expliquez les enjeux de l'arrêt du 28 novembre 2018 pour tous les travailleurs indépendants réservant leur activité à une seule entreprise partenaire.

DOC. 1

À la suite de la diffusion d'offres de collaboration sur des sites Internet spécialisés, M. Y… a postulé auprès de la société Take Eat Easy ; il a effectué les démarches nécessaires en vue de son inscription en qualité d'autoentrepreneur ; au terme d'un processus de recrutement, les parties ont conclu le 13 janvier 2016 un contrat de prestation de services ; M. Y… a saisi la juridiction prud'homale le 27 avril 2016 d'une demande de requalification de son contrat en un contrat de travail. L'affaire est passée du 1er degré à la cour d'appel et l'arrêt de cette juridiction a fait l'objet d'un pourvoi qui a amené la Cour de cassation à rendre l'arrêt ci-après.

DOC. 2 Arrêt de la chambre sociale de la Cour de cassation du 28 novembre 2018 (extrait)

Attendu que pour […] dire que M. Y… n'était pas lié par un contrat de travail à la société Take Eat Easy et dire le conseil de prud'hommes incompétent pour connaître du litige, l'arrêt retient que les documents non contractuels remis à M. Y… présentent un système de bonus […] et de pénalités (« strikes ») distribuées en cas de manquement du coursier à ses obligations contractuelles […], que le cumul de deux « strikes » entraîne une perte de bonus, le cumul de trois « strikes » entraîne la convocation du coursier « pour discuter de la situation et de (sa) motivation à continuer à travailler comme coursier partenaire de Take Eat Easy » et le cumul de quatre « strikes » conduit à la désactivation du compte […], que ce système a été appliqué à M. Y…, que si, de prime abord, un tel système est évocateur du pouvoir de sanction que peut mobiliser un employeur, il ne suffit pas dans les faits à caractériser le lien de subordination […], que les pénalités considérées, qui ne sont prévues que pour des comportements objectivables du coursier constitutifs de manquements à ses obligations contractuelles, ne remettent nullement en cause la liberté de celui-ci de choisir ses horaires de travail […] ou de choisir de ne pas travailler pendant une période dont la durée reste à sa seule discrétion, que cette liberté totale de travailler ou non, qui permettait à M. Y…, sans avoir à en justifier, de choisir chaque semaine ses jours de travail et leur nombre sans être soumis à une quelconque durée du travail ni à un quelconque forfait horaire ou journalier mais aussi par voie de conséquence de fixer seul ses périodes d'inactivité ou de congés et leur durée, est exclusive d'une relation salariale ;
Attendu cependant que l'existence d'une relation de travail ne dépend ni de la volonté exprimée par les parties ni de la dénomination qu'elles ont donnée à leur convention mais des conditions de fait dans lesquelles est exercée l'activité des travailleurs ; que le lien de subordination est caractérisé par l'exécution d'un travail sous l'autorité d'un employeur qui a le pouvoir de donner des ordres et des directives, d'en contrôler l'exécution et de sanctionner les manquements de son subordonné ;
Qu'en statuant comme elle a fait, alors qu'elle constatait, d'une part, que l'application était dotée d'un système de géolocalisation permettant le suivi en temps réel par la société de la position du coursier et la comptabilisation du nombre total de kilomètres parcourus par celui-ci et, d'autre part, que la société Take Eat Easy disposait d'un pouvoir de sanction à l'égard du coursier, la cour d'appel, qui n'a pas tiré les conséquences légales de ses constatations dont il résultait l'existence d'un pouvoir de direction et de contrôle de l'exécution de la prestation caractérisant un lien de subordination, a violé le texte susvisé ;
PAR CES MOTIFS : CASSE ET ANNULE […].

4 Vérifier la conformité d'un contrat de travail aux normes juridiques

Juliette Lambert vient d'être embauchée en CDI. Elle a signé son contrat de travail sans le lire de façon approfondie. En se penchant de nouveau sur l'écrit, elle s'interroge sur la validité de la clause n° 12, concernant la durée des congés payés, car elle constate que, durant les trois premières années dans l'entreprise, elle ne pourrait prétendre qu'à quatre semaines de congés payés.

1. Quel est le sens de l'article 1103 du Code civil ? En quoi peut-il inquiéter Juliette à propos de la durée de ses congés payés ?
2. Quelle est la portée de l'article L. 3141-3 du Code du travail ? Dans quelle mesure est-il protecteur des intérêts du salarié ?
3. Prononcez-vous sur la validité des différentes dispositions de la clause n° 12 du contrat de travail de Juliette. Justifiez.

DOC. 1 Des clauses extraites d'un contrat de travail

12. Congés payés

Le salarié bénéficiera de congés payés annuels, dont la durée dépendra de l'ancienneté acquise dans l'entreprise :

- pour une ancienneté de moins de trois ans, le salarié aura droit annuellement à deux jours ouvrables de congés payés par mois de travail, soit 24 jours ouvrables – ou quatre semaines ;
- pour une ancienneté de trois à dix ans, le salarié aura droit annuellement à deux jours et demi ouvrables de congés payés par mois de travail, soit 30 jours ouvrables – ou cinq semaines ;
- pour une ancienneté de plus de dix ans, le salarié aura droit annuellement à trois jours ouvrables de congés payés par mois de travail, soit 36 jours ouvrables – ou six semaines [...].

DOC. 2 Une règle du Code civil

Article 1103 – Les contrats légalement formés tiennent lieu de loi à ceux qui les ont faits.

DOC. 3 Des dispositions légales en droit du travail

CONGÉS PAYÉS – DURÉE – CODE DU TRAVAIL

1. Règles d'ordre public

Article L. 3141-3

Le salarié a droit à un congé de deux jours et demi ouvrables par mois de travail effectif chez le même employeur.

La durée totale du congé exigible ne peut excéder trente jours ouvrables.

Article L. 3141-9

Les dispositions de la présente section ne portent atteinte ni aux stipulations des conventions et des accords collectifs de travail ou des contrats de travail, ni aux usages qui assurent des congés payés de plus longue durée.

2. Champ de la négociation collective

Article L. 3141-10

[...] Un accord d'entreprise ou d'établissement ou, à défaut, une convention ou un accord de branche peut :

[...]

2° Majorer la durée du congé en raison de l'âge, de l'ancienneté ou du handicap.

Les différents contrats de travail

6

Capacités

- Caractériser le contrat de travail dans une situation donnée.
- Repérer et vérifier la validité des clauses spécifiques dans une situation donnée : clause de mobilité, clause de non-concurrence, clause de télétravail.

Vers PIX

D.1.1. - Mener une recherche et une veille d'information

Avant la classe

Vidéo : « Le contrat de travail de sa nounou : comment bien le rédiger ? » – Le Droit pour moi
liennathan.fr/61rs2f

Identifiez les différents contrats de travail possibles pour engager une nourrice.

Situation

Les métiers du Grand Paris Express

La réalisation du Grand Paris Express est une source d'opportunités en matière d'emploi, d'insertion et de formation [...]. Jusqu'à 15 000 emplois pourront être mobilisés pour construire le nouveau métro [...] : construction des tunnels, pose des rails, aménagement et équipement des gares... Après les mises en service des lignes de métro, des emplois seront notamment créés pour assurer la circulation des trains, la maintenance du réseau ou encore l'accueil dans les gares. Pour s'assurer que les retombées économiques et sociales profitent au plus grand nombre, nous mettons en place une politique d'exigence envers les entreprises prestataires en intégrant dans nos marchés des clauses de responsabilité sociale. Nos engagements en faveur de l'emploi :

– permettre à des personnes de trouver un emploi durable [...] ;
– favoriser l'accès des TPE/PME [...] ;
– anticiper les besoins des entreprises et s'assurer de l'existence des bonnes formations [...] ;
– créer de l'activité innovante sur les chantiers [...].

www.societedugrandparis.fr, janvier 2022.

1 Distinguer les différents types de contrat de travail

DOC. 1 CDD, CDI : comment évoluent les embauches ?

En France, en 2020, 86 % des salariés (hors intérim, c'est-à-dire contrats de travail temporaire) sont en contrat à durée indéterminée (CDI) et 9,70 % en contrat à durée déterminée (CDD). Au sein des **flux d'embauches** en CDD et CDI, la part des CDD a nettement progressé en vingt-cinq ans, notamment à partir des années 2000, passant de 76 % en 1993 à 87 % en 2017.

www.insee.fr, novembre 2021.

DOC. 2 Le CDI, contrat de référence

Code du travail
Article L.1221-2 (extrait)
Le contrat de travail à durée indéterminée est la forme normale et générale de la relation de travail.

Remarque : si le contrat n'est pas écrit, le salarié est présumé être en CDI à temps plein.

DOC. 3 La fin du CDI

Début — Exécution du CDI — Fin

Embauche — Il faut un événement.

- Licenciement
- Démission
- Rupture conventionnelle
- Retraite

Ce n'est jamais une décision arbitraire de l'employeur qui met fin au CDI.

DOC. 4 Les contrats précaires, outils de flexibilité

Les contrats de travail précaires (CDD et CTT) ont un terme connu du salarié dès son embauche : ils n'assurent pas un emploi durable. Pour l'employeur, ils représentent un outil de flexibilité puisqu'ils permettent de faire face à un besoin ponctuel de main-d'œuvre.

DOC. 5 Les limites aux recours aux contrats précaires

Les recours aux contrats précaires autorisés
- Remplacement d'un salarié absent
- Accroissement temporaire d'activité
- Emploi saisonnier ou par nature temporaire
- Remplacement du chef d'entreprise malade
- Contrats dans le cadre de mesures pour l'emploi

Les recours aux contrats précaires interdits
- Pour pourvoir un emploi permanent
- Pour remplacer un gréviste
- En cas de travaux particulièrement dangereux
- Dans les 6 mois suivant un licenciement économique

Sanctions
- Requalification en CDI à la demande du salarié
- Sanction pénale (amende)

Règles d'utilisation de ces contrats

Règles de forme
- Contrat écrit avec mentions légales obligatoires (justification du recours au contrat précaire)
- Remis au salarié sous 2 jours

Règles de fond
- Durée fixée par accord de branche ; à défaut, limitée en principe à 18 mois (renouvellements compris).
- Nombre de renouvellements possibles fixé par accord de branche ; à défaut, limité à 2.
- Indemnité de fin de contrat : 10 % de la rémunération brute perçue.

Situation

Des offres d'emploi liées au Grand Paris

1. EIFFAGE GÉNIE CIVIL - 93 - SEINE-SAINT-DENIS - **CDI - Temps plein**
Pilote tunnelier (h/f) – Eiffage forme et recrute de futurs pilotes de tunneliers pour maîtriser de nouvelles compétences comme : optimiser les meilleurs réglages possibles du tunnelier et analyser les paramètres de creusement (trajectoire, alimentation, puissance, pression de confinement, volumes de marinage, tassement) et les paramètres d'injection ; interpréter les paramètres géologiques, mécaniques, électriques, topographiques ; garantir la bonne trajectoire du tunnelier et la stabilité des sols.

2. EIFFAGE GÉNIE CIVIL - 93 - ST-DENIS - **CDD - Temps plein**
Mécanicien (h/f) - Assurer en surface l'entretien et le dépannage des éléments mécaniques et hydrauliques sur les engins de chantier (grues, pelles hydrauliques, camions, centrales à béton ou encore les trains sur pneus) – Prévenir l'apparition de pannes ou de dysfonctionnements par la maintenance préventive - Effectuer le dépannage par échange standard de composants ou d'organes.

https://candidat.pole-emploi.fr

1 Pourquoi, d'une manière générale, le type de contrat le plus souvent proposé à l'embauche n'est-il pas le type de contrat de travail le plus répandu ? Doc. 1

....

....

2 Quels sens donnez-vous à l'article L.1221-2 du Code du travail ? Comment expliquez-vous la volonté du législateur ? Doc. 2

....

....

3 En quoi le CDI favorise-t-il la stabilité de l'emploi ? Doc. 3

....

....

4 Comment se justifie le recours à des CDD pour le chantier du Grand Paris ? Doc. 4

....

....

....

5 Dans chaque cas ci-dessous, le recours aux contrats précaires est-il justifié ou non ? Doc. 5

a. Le développement important des ventes d'un journal.	☐ Justifié.	☐ Non justifié.
b. Les congés payés de certains salariés.	☐ Justifié.	☐ Non justifié.
c. Le remplacement du gérant d'une SARL de famille.	☐ Justifié.	☐ Non justifié.
d. La volonté de tester sur la durée les compétences d'un salarié.	☐ Justifié.	☐ Non justifié.
e. La nécessité de renforcer l'équipe des vendeurs.	☐ Justifié.	☐ Non justifié.

6 Comment se justifie l'indemnité de fin de contrat pour les CDD et les CTT ? Doc. 5

....

....

Allez plus loin ! STMG_Droit_Term_Plus_loin_Ch06_partie1.pdf Vers PIX

2 Distinguer les différents contrats de travail précaires

DOC. 6 Le CDD et le CTT

Contrat de travail CDD et contrat d'intérim sont souvent confondus. Ils ont en effet de nombreux points communs [...]. Pourtant, ces quelques similitudes n'effacent pas les différences décisives qui existent entre ces deux contrats. Le collaborateur sous CDD est un **salarié de l'entreprise** ne se singularisant que par la durée limitée de son contrat. L'intérimaire est en revanche **salarié de l'entreprise de travail temporaire** à laquelle il est lié contractuellement. Il n'a aucun lien avec l'entreprise dans laquelle il est placé par son employeur. Dans bien des cas, le CDD se révèle plus avantageux que le contrat d'intérim : il peut être utilisé dans davantage de cas, permet de recruter soi-même l'employé, [...] est beaucoup moins cher [...].

www.captaincontrat.com

L'intérim met en présence **trois parties**, liées par **deux contrats** complémentaires.

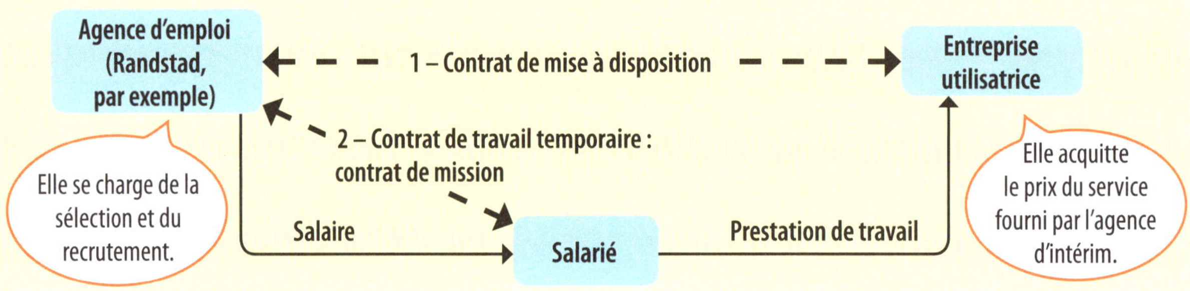

DOC. 7 Le contrat saisonnier

Le travail saisonnier se caractérise par l'exécution de tâches normalement appelées à se répéter chaque année, à des dates à peu près fixes, en fonction du rythme des saisons (récolte, cueillette...) ou des modes de vie collectifs (tourisme...). Cette variation d'activité doit être indépendante de la volonté de l'employeur.

Les salariés directement occupés à des tâches saisonnières peuvent être recrutés en contrats à durée déterminée (CDD) prévoyant ou non un terme précis.

Sous certaines conditions, des contrats saisonniers successifs peuvent être conclus avec le même salarié. De même, ils peuvent comporter une clause de reconduction [d'une saison sur l'autre].

https://travail-emploi.gouv.fr

DOC. 8 Le CDI de chantier

Le CDI de chantier, appelé également CDI d'opération, est un type de contrat de travail à durée indéterminée (CDI). Contrairement au CDI classique, il peut valablement être rompu lorsque s'achèvent le chantier ou l'opération pour lesquels le salarié a été recruté.

Le CDI de chantier permet à un employeur de recruter des salariés pour travailler sur un chantier ou une opération dont la date de fin ne peut être exactement connue à l'avance.

Les secteurs d'activité pouvant recourir au CDI de chantier sont les suivants : le secteur des bâtiments et travaux publics (BTP), la construction navale, d'autres branches d'activité, dès lors qu'elles ont négocié et conclu une convention ou un accord collectif étendu qui en fixe les conditions et modalités de mise en œuvre.

www.pole-emploi.fr

Situation

Randstad (agence d'emploi mettant en relation employeurs et salariés) recrute pour les chantiers du Grand Paris.

CHEF DE CHANTIER BÂTIMENT (F/H) – PARIS (01) – INTÉRIM

Votre mission : participer aux réunions préparatoires des chantiers avec les conducteurs de travaux et les ingénieurs d'études ; veiller à l'approvisionnement en matériaux et à la commande de fournitures ; coordonner l'intervention des machines et des engins de chantier.

Votre profil : Vous êtes titulaire d'un Bac+2 et vous avez au moins 5 années d'expérience. Vous êtes assidu et faites preuve d'une bonne capacité managériale.

www.randstad.fr

7 Pourquoi une entreprise de BTP peut-elle préférer recruter un chef de chantier en CTT plutôt qu'en CDD ? Situation et doc. 6

....

....

8 Expliquez les différences entre un CDD et un CTT. Doc. 6

....

....

....

9 Identifiez les deux contrats et les trois parties liées en cas d'intérim. Doc. 6

....

....

10 Quel type de contrat de travail est le contrat de travail saisonnier ? Doc. 7

....

11 Quel est l'intérêt d'une clause de reconduction dans un contrat saisonnier ? Doc. 7

....

Situation

« Le CDI chantier est utilisé notamment pour les grands chantiers en France », indique-t-on dans une grande entreprise. [...] Les projets de ligne à grande vitesse (LGV), de centrale nucléaire ou de ligne du Grand Paris Express y ont ainsi massivement recours. Des ingénieurs sont ainsi actuellement recherchés pour les chantiers du Grand Paris.

www.lemonde.fr

12 Quelle est la spécificité du CDI de chantier ? Doc. 8

....

13 Pourquoi les entreprises y ont-elles naturellement recours dans le cadre des travaux du Grand Paris ? Situation et Doc. 8

....

....

Allez plus loin !

STMG_Droit_Term_Plus_loin_Ch06_partie2.pdf Vers PIX

3 Analyser les clauses spécifiques du contrat de travail

DOC. 9 La clause de mobilité

Extrait du contrat de travail d'un chef de chantier

Art. 3 – Lieu d'exercice et clause de mobilité
Le salarié exercera ses fonctions sur les chantiers du Grand Paris situés dans la ville de Paris ainsi que dans les communes de la petite couronne et de la grande couronne.
Le salarié accepte une éventuelle modification de son lieu de travail : selon les besoins liés au projet Grand Paris, il pourrait être amené à rejoindre l'un des départements limitrophes de l'Île-de-France où son entreprise ouvrirait un chantier.
Il serait alors avisé de ce changement de lieu de travail trois mois à l'avance au moins.

Conditions de validité de la clause de mobilité

- Le(s) lieu(x) de la mutation éventuelle doit (doivent) être déterminé(s) de façon précise.
- La mutation du salarié doit être justifiée par l'intérêt de l'entreprise (ex. : développement des activités, réorganisation).
- L'employeur doit tenir compte de la situation personnelle et familiale du salarié (ex. : enfants, célibat).
- Un délai de prévenance raisonnable doit être respecté avant la mutation du salarié (ex. : quelques mois).

DOC. 10 La clause de non-concurrence

Extrait du contrat de travail d'un ingénieur en béton armé

Art. 8 – Non-concurrence
En cas de rupture du contrat de travail, quelle que soit la cause de cette rupture, il est interdit au salarié d'accepter tout poste d'ingénieur en béton armé dans une entreprise concurrente de son actuel employeur relevant du secteur du BTP. Ces interdictions sont limitées à deux ans et s'appliquent à Paris (75) et dans les départements de Seine-et-Marne (77), Yvelines (78), Essonne (91), Hauts-de-Seine (92), Seine-Saint-Denis (93), Val-de-Marne (94) et Val-d'Oise (95).
En contrepartie du respect de cette clause, le salarié percevra durant les deux ans de son application une indemnité mensuelle égale à la moitié de sa dernière rémunération.

Conditions de validité de la clause de non-concurrence

- Les effets de la clause doivent se limiter à un espace déterminé (ville, département, etc.), pour un temps donné (deux, trois ans, etc.) et ne concerner que des activités bien définies (ingénieur en optique industrielle, contrôleur de gestion dans l'hôtellerie, etc.).
- La clause doit être justifiée par la nécessité de protéger les intérêts légitimes de l'entreprise (préservation des secrets de fabrication, sauvegarde d'informations stratégiques) : elle n'est donc pas licite dans le contrat de travail d'un salarié subalterne.
- Le salarié doit percevoir une indemnité financière en contrepartie du respect de la clause. Cette indemnisation ne doit pas être dérisoire.

DOC. 11 La clause de recours au télétravail

Le recours au télétravail peut être prévu par un accord collectif ou par une charte élaborée par l'employeur après avis du Comité social et économique. Sinon, il résulte d'une clause contenue dans le contrat de travail ou insérée ultérieurement par accord entre les parties. Cette clause est très encadrée par la loi. Elle rappelle en particulier que le télétravailleur est prioritaire pour occuper ou reprendre un poste sans télétravail qui correspond à ses qualifications et compétences professionnelles, son employeur étant tenu de porter à sa connaissance la disponibilité de tout poste de cette nature.
Elle rappelle que le refus d'accepter un poste de télétravailleur n'est pas un motif de rupture du contrat de travail, sauf en cas de force majeure ou de pandémie, comme avec le coronavirus.

Situation

Certaines clauses du contrat de travail sont très utiles.

La gestion de la main-d'œuvre recrutée par les entreprises engagées dans le projet du Grand Paris s'avère assez délicate du fait des fortes contraintes liées à ce vaste chantier.

Certaines incertitudes peuvent exister concernant les lieux précis sur lesquels interviendront les salariés. Pour certains ingénieurs ou cadres, il faut éviter de les laisser partir à la concurrence. Parfois, les tâches pourraient être effectuées à distance – par le télétravail – dès lors qu'il s'agit d'activités administratives ou de gestion. C'est au rédacteur du contrat de travail de prévenir les difficultés en prévoyant des clauses spécifiques.

14 Comment se justifie la clause de mobilité dans un contrat de travail ? Doc. 9

....

....

15 La clause présentée est-elle valable ? Justifiez. Doc. 9

....

....

16 Expliquez l'utilité de la clause de non-concurrence. Doc. 10

....

....

17 Pourquoi la clause de non-concurrence ne peut-elle porter que sur une fonction précise et sur une durée et une zone géographique définies ? Doc. 10

....

....

18 Quelle est la condition de validité commune aux clauses de mobilité et de non-concurrence ? Doc. 9 et 10

....

....

19 La présence d'une clause de recours au télétravail oblige-t-elle le salarié à accepter cette forme d'exécution de son travail ? Justifiez. Doc. 11

....

....

20 Dans le cadre du télétravail, qu'est-ce qui permet au salarié d'abandonner cette option ? Doc. 11

....

....

Allez plus loin ! STMG_Droit_Term_Plus_loin_Ch06_partie3.pdf Vers PIX

Applications

1 Testez vos connaissances

Répondez par vrai ou par faux aux propositions suivantes.

1. Le CDI est le type de contrat de travail le plus répandu à l'embauche.
   ☐ Vrai ☐ Faux
2. Le CDD et le CTT sont considérés comme des contrats de travail précaires.
   ☐ Vrai ☐ Faux
3. Le CDI assure la stabilité de l'emploi car sa rupture est toujours justifiée.
   ☐ Vrai ☐ Faux
4. CDD et CTT sont réservés à des cas limitativement énumérés par la loi.
   ☐ Vrai ☐ Faux
5. À la fin d'un CDD ou d'un CTT, le salarié a droit à une indemnité de précarité de 30 % des rémunérations perçues.
   ☐ Vrai ☐ Faux
6. La durée maximale d'un CDD ou d'un CTT dépend seulement de l'accord des parties.
   ☐ Vrai ☐ Faux
7. L'employeur d'un salarié intérimaire est l'agence d'emploi.
   ☐ Vrai ☐ Faux
8. Il n'existe aucun CDI dont la cause de rupture est connue à l'avance.
   ☐ Vrai ☐ Faux
9. Une clause de mobilité doit prévoir une contrepartie financière.
   ☐ Vrai ☐ Faux
10. Une clause de non-concurrence peut prévoir une contrepartie financière.
   ☐ Vrai ☐ Faux

2 Analyser un CDD

1. Quel est le motif de recours au CDD ci-dessous ? Est-il légal ?
2. Quel est le terme de ce CDD ?
3. Relevez les mentions de ce contrat répondant à des obligations spécifiques de l'employeur en cas de recours au CDD.
4. Pourquoi ce CDD ne pourrait-il pas être renouvelé plus de deux fois ?

DOC. Contrat de travail à durée déterminée (extrait)

ENTRE LES SOUSSIGNÉS :
– SA Britte, société de services informatiques, représentée par son DRH, M. Brun, d'une part,
– Et Mlle Sahmia Malik, d'autre part,
IL A ÉTÉ CONVENU ET ARRÊTÉ CE QUI SUIT :

Article 1er – Embauche, qualification.
Mlle Malik est embauchée en tant que responsable de maintenance informatique.

Article 2 – Motif de recours au CDD.
Surcroît exceptionnel d'activité dû à la liquidation judiciaire de l'entreprise sous-traitante effectuant habituellement la maintenance informatique pour le compte de la SA Britte.

Article 3 – Durée du contrat.
Le présent CDD est conclu pour une durée de deux mois.

Article 4 – Rémunération. […]

Article 5 – Droits en fin de contrat.
Outre une indemnité compensatrice de congés payés égale à 10 % des salaires perçus, Mlle Malik percevra une indemnité de fin de contrat égale à 10 % de sa rémunération brute totale.

Article 6 – Renouvellement du contrat.
En l'absence d'accord de branche spécifique, et conformément à la loi, le présent contrat pourra être renouvelé au maximum deux fois par accord entre les parties. […]

3 Analyser le problème du recours à de multiples CDD de remplacement

1. Quel est le problème juridique posé par la multiplication des CDD de remplacement conclus avec un même salarié ?
2. Quel argument peut amener à considérer que cette situation doit donner lieu à une requalification des multiples CDD en un CDI ?
3. Quelle a été la position des juges du fond (conseil de prud'hommes et cour d'appel) dans l'affaire citée ci-dessous ?
4. Sur quels éléments la Cour de cassation s'est-elle appuyée pour les contredire ?
5. La requalification de multiples CDD de remplacement en un CDI est-elle toujours possible ? Si oui, à quelles conditions ?

DOC. Le recours à de multiples CDD de remplacement n'entraîne pas automatiquement la requalification en CDI

C'est ce qu'a affirmé la chambre sociale de la Cour de cassation dans un arrêt rendu le 14 février 2018 […].

En l'espèce, la salariée avait été embauchée en qualité d'agent de service en contrat à durée déterminée par une association afin de pourvoir au remplacement d'un salarié en congé maladie. Après deux contrats de remplacement, elle a de nouveau été sollicitée par l'association quelques années plus tard et a conclu, en l'espace de trois années, 104 CDD.

La juridiction prud'homale a été saisie aux fins de requalification de la relation de travail en une durée indéterminée. Le conseil de prud'hommes suivi par la cour d'appel ont fait droit à la demande de requalification avant d'être désavoués par la Cour de cassation.

Pour ce faire, la chambre sociale […] censure l'arrêt d'appel, considérant que « le seul fait pour l'employeur […] de recourir à des contrats à durée déterminée de remplacement de manière récurrente, voire permanente, ne saurait suffire à caractériser un recours systématique aux contrats à durée déterminée pour faire face un besoin structurel de main-d'œuvre et pourvoir ainsi durablement un emploi durable lié à l'activité normale et permanente de l'entreprise ». […]

Il sera dorénavant nécessaire de s'attarder précisément sur les circonstances de la cause au regard « de la nature des emplois successifs occupés […] et de la structure des effectifs » de l'entreprise pour déterminer si le renouvellement des CDD de remplacement avait pour objet ou pour effet de pourvoir durablement un emploi lié à l'activité normale et permanente de l'entreprise.

Ce n'est que dans cette hypothèse que la requalification de la relation de travail en une durée indéterminée sera justifiée. […]

Annie Koskas et Lisa Arbib (avocates), www.aka-avocats.fr, 24 octobre 2018.

4 Repérer les particularités du télétravail

1. Citez les principales obligations de l'employeur en cas de télétravail.
2. Comment la loi prévient-elle les conflits possibles sur l'utilisation du matériel informatique par le télétravailleur ?
3. Montrez que certaines obligations de l'employeur sont au service du bien-être au travail du télétravailleur.
4. Dans quelle mesure la loi autorise-t-elle l'employeur à recourir au télétravail dans le cas d'une pandémie, comme celle du Covid ?

DOC. Le télétravail dans le Code du travail

Article L.1222-10 – Outre ses obligations de droit commun vis-à-vis de ses salariés, l'employeur est tenu à l'égard du salarié en télétravail :

1° D'informer le salarié de toute restriction à l'usage d'équipements ou outils informatiques ou de services de communication électronique et des sanctions en cas de non-respect de telles restrictions ;

2° De lui donner priorité pour occuper ou reprendre un poste sans télétravail qui correspond à ses qualifications et compétences professionnelles et de porter à sa connaissance la disponibilité de tout poste de cette nature ;

3° D'organiser chaque année un entretien qui porte notamment sur les conditions d'activité du salarié et sa charge de travail.

Article L1222-11 – En cas de circonstances exceptionnelles, notamment de menace d'épidémie, ou en cas de force majeure, la mise en œuvre du télétravail peut être considérée comme un aménagement du poste de travail rendu nécessaire pour permettre la continuité de l'activité de l'entreprise et garantir la protection des salariés.

5 Une limite à la clause de non-concurrence

★★

Après avoir démissionné, une généticienne est engagée dans une entreprise concurrente. Elle accepte ce poste alors que son contrat de travail contient une clause de non-concurrence applicable « au niveau mondial ». Informé de cette situation, son ancien employeur lui adresse une mise en demeure de respecter son obligation de non-concurrence. Pour trancher le litige, il saisit la juridiction prud'homale. L'affaire est ensuite portée devant la cour d'appel. Celle-ci estime que la salariée ne se trouvait pas dans l'impossibilité absolue d'exercer une activité. En effet, aussi large que soit la délimitation géographique de l'obligation de non-concurrence (le monde entier), la clause ne rendait pas impossible l'exercice d'une activité professionnelle par la salariée. Les juges d'appel ordonnent donc à la généticienne de cesser son activité et la condamnent à verser des dommages-intérêts à son ancien employeur. La salariée porte l'affaire devant la Cour de cassation. Celle-ci rend un arrêt le 8 avril 2021.

1. Quel est l'objectif de la clause de non-concurrence ?
2. Formulez le problème juridique soulevé dans cette affaire.
3. Proposez l'argumentation juridique de la salariée pour contester la validité de la clause de non-concurrence contenue dans son contrat de travail.
4. Quelle est la solution apportée par la Cour de cassation au problème juridique ?

DOC. Clause de non-concurrence : un périmètre mondial n'est pas permis

Pour permettre la conciliation de la clause de non-concurrence avec le principe fondamental de libre exercice d'une activité professionnelle et les dispositions légales protégeant les libertés du salarié (C. trav. art. L.1121-1), la Cour de cassation a défini les conditions de validité de la clause : elle n'est licite que si elle est indispensable à la protection des intérêts légitimes de l'entreprise, limitée dans le temps et dans l'espace, qu'elle tient compte des spécificités de l'emploi du salarié et qu'elle comporte une contrepartie financière, ces conditions étant cumulatives. [...]

L'arrêt du 8 avril 2021 se prononce une nouvelle fois sur la limitation dans l'espace de la clause de non-concurrence. Une clause de non-concurrence peut-elle s'appliquer au monde entier si les données de l'espèce le justifient ? [...]

L'arrêt d'appel est [...] cassé par la Cour de cassation qui considère que la clause de non-concurrence n'est pas délimitée dans l'espace lorsque la délimitation géographique de l'obligation de non-concurrence s'étend au monde entier. [...]

Si la Cour de cassation a déjà invalidé des clauses de non-concurrence non limitées dans l'espace, il résulte de ces arrêts que les clauses s'appliquaient en quelque sorte au monde entier uniquement parce qu'elles ne comportaient pas de mention de leur champ d'application géographique. [...] Dans l'arrêt du 8 avril 2021, la situation était bien différente, puisque le périmètre mondial de la clause était mentionné expressément. La Cour de cassation [...] décide d'interpréter strictement la condition de limitation dans l'espace, en excluant du champ de la licéité l'hypothèse d'une clause applicable au niveau mondial.

www.efl.fr, 8 avril 2021.

La rupture du CDI

7

Capacités

- Vérifier les principales conditions de validité de la rupture d'un contrat de travail dans une situation donnée.
- Distinguer les causes de licenciement (motif personnel, motif économique) et en apprécier les conséquences dans le cas du licenciement pour motif personnel.

Vers PIX

D.1.1. - Mener une recherche et une veille d'information

Avant la classe

Vidéo : « Coronavirus, au moins 50 000 salariés français touchés par des plans sociaux » – Europe 1
liennathan.fr/9sv7y6

Quelle relation peut-on établir entre la pandémie de coronavirus et les licenciements ?

Situation

Industrie automobile : 100 000 emplois supprimés en France depuis 2008

Dire que de nombreux emplois industriels du secteur automobile ont disparu depuis quelques années, ça n'est probablement une surprise pour personne. Fermetures d'usines, délocalisations, les annonces se sont multipliées ces dernières années. Mais l'ampleur des dégâts est quand même surprenante : d'après une étude de l'Observatoire de la métallurgie [...] 100 000 emplois ont disparu en France depuis 2008. [...]. Pire, ce déclin pourrait bien s'accélérer, avec la fin programmée du thermique. La production électrique nécessite bien moins d'emplois, surtout que beaucoup des batteries ne sont pas produites en France. [...] 100 000 autres emplois pourraient donc rapidement disparaître.

Clément Raoul-Réa, www.autoplus.fr, 4 mai 2021.

1 Apprécier la validité de la rupture du contrat de travail par le salarié

DOC. 1 Les modalités de la démission, ses avantages et ses inconvénients

Modalités	Avantages	Inconvénients
La loi impose au salarié de donner un **préavis** à l'employeur. La durée de ce préavis n'est pas fixée par le Code du travail, mais : – soit par la convention collective ; – soit par les usages en vigueur ; – soit par le contrat de travail. En pratique, ce préavis est le plus souvent déterminé par la fonction du salarié (exemples : employé = 1 mois, cadre = 2 mois).	Le salarié sous CDI n'a **aucun motif** à invoquer, **aucune procédure** longue ou complexe à respecter […]. L'employeur ne peut s'opposer à une démission même si elle intervient à une période cruciale pour lui.	Comme auteur de la rupture […], le salarié ne touche évidemment **aucune indemnité de licenciement**. Mais surtout, **il ne sera pas pris en charge par le système d'assurance chômage** : celui-ci n'indemnise, sauf exception [démission pour suivre son conjoint, pour fuir un harcèlement, etc.] que les salariés « involontairement privés d'emploi ».

J.-E. Ray, *Droit du travail, droit vivant*, Éd. Liaisons, 2019.

DOC. 2 La volonté claire, sérieuse et non équivoque de démissionner

La volonté de démissionner ne se présume pas. La Cour de cassation exige que l'on puisse voir chez le salarié une **volonté** manifeste, c'est-à-dire **claire, sérieuse et non équivoque** de démissionner. L'employeur ne peut pas qualifier de démission une attitude – même répréhensible – du salarié, comme son absence injustifiée, un abandon de poste, etc. En cas de volonté non manifeste, le salarié peut revenir sur sa démission, dans un délai raisonnable.

DOC. 3 La volonté libre de démissionner

La volonté de démissionner doit aussi être **libre**. Cette exigence a d'abord pour but d'empêcher l'employeur de faire pression sur le salarié pour l'inciter à démissionner. Elle vise aussi à protéger le salarié contre les conséquences d'une fuite face à un comportement inapproprié de l'employeur (harcèlement) ou au non-respect de ses obligations (non-paiement du salaire). Selon les termes de la Cour de cassation, « la démission d'un salarié obtenue à l'aide de procédés vexatoires sous la contrainte morale, rend l'employeur responsable de la rupture ».

DOC. 4 Le départ en retraite

Pour être valable, le départ volontaire à la retraite doit résulter d'une **volonté claire et non équivoque**. Ensuite, le salarié qui formule la demande doit avoir atteint l'**âge** qui lui permet de demander la liquidation de sa pension vieillesse. […]
La rupture du contrat de travail qui résulte d'un départ volontaire à la retraite est effective à la date de notification de cette décision à l'employeur. Toutefois, un préavis doit être respecté avant de quitter définitivement l'entreprise. Ce dernier est le même que celui prévu pour les licenciements [jusqu'à deux mois selon l'ancienneté]. […]
Le salarié qui part à la retraite a droit à une **indemnité de départ volontaire à la retraite** […].

www.lecoindesentrepreneurs.fr

L'âge légal à partir duquel le salarié peut prendre sa retraite est fixé à **62 ans**.

L'âge réel de départ à la retraite est souvent fonction de la pension « à taux plein ». Comme celle-ci n'est acquise qu'après 167 à 172 trimestres de cotisation selon son année de naissance, beaucoup de salariés choisissent de prendre leur retraite en fonction de cette durée de cotisation et, au plus tard, à 67 ans, âge auquel ils ont automatiquement droit à la pension maximale.

Années de départ	Âge du retraité
2017	63,3
2018	63,4
2019	63,5
2020	63,5

Situation Renault a annoncé le 15 septembre [2020] la nomination d'Arnaud Belloni à sa direction du commerce et du marketing, marquant le nouveau transfert d'un dirigeant de PSA pour accompagner la restructuration du groupe au losange. Luca De Meo veut s'inspirer du redressement de PSA [aujourd'hui Stellantis] pour transformer Renault. Et qui de mieux pour le faire que… des dirigeants de PSA ?

www.usinenouvelle.com, 15 septembre 2020.

1 Un dirigeant de PSA quittant son entreprise pour aller chez Renault doit-il préciser la raison de sa démission ? Situation et doc. 1

……………………………………………………………………………………………………

2 Ce salarié a-t-il quitté Renault du jour au lendemain ? Justifiez. Doc. 1

……………………………………………………………………………………………………

3 Pourquoi un salarié démissionnaire n'a-t-il pas droit aux allocations-chômage ? Doc. 1

……………………………………………………………………………………………………

4 Pourquoi le salarié n'a-t-il pas, en principe, la faculté de revenir sur sa démission ? Comment se justifie l'exception à cette règle ? Doc. 2

……………………………………………………………………………………………………

……………………………………………………………………………………………………

……………………………………………………………………………………………………

5 Dans les cas suivants, la volonté de démissionner du salarié est-elle libre ? Doc. 3

a. Démission pour accepter un autre emploi.	☐ Oui.	☐ Non.
b. Démission pour suivre son conjoint muté.	☐ Oui.	☐ Non.
c. Démission pour mettre fin à un harcèlement.	☐ Oui.	☐ Non.
d. Démission en réponse à des injures graves.	☐ Oui.	☐ Non.

Situation **Accord d'entreprise Renault – Congé de fin de carrière**

Conformément aux dispositions de l'accord du 26 novembre 2020 […], dans les trois années précédant la date de départ prévisionnelle à la retraite à taux plein, une journée de congé par mois est attribuée aux salariés [de Renault], sur présentation d'un justificatif, dans la limite d'un plafond de 36 mois. Ces journées sont assimilées et payées comme temps de travail effectif.

6 Pourquoi l'accord Renault favorise-t-il les candidats à la retraite ? Situation et doc. 4

……………………………………………………………………………………………………

7 Quels sont les points communs entre démissionner et prendre sa retraite ? Doc. 4

……………………………………………………………………………………………………

……………………………………………………………………………………………………

8 Pourquoi, selon vous, l'âge réel de départ à la retraite est-il supérieur à 62 ans ? Doc. 4

……………………………………………………………………………………………………

……………………………………………………………………………………………………

Allez plus loin ! STMG_Droit_Term_Plus_loin_Ch07_partie1.pdf Vers PIX

2 Apprécier la validité de la rupture du contrat de travail par l'employeur

DOC. 5 La cause réelle et sérieuse du licenciement

Principe	Selon l'article L.1232-1 du Code du travail, tout licenciement pour motif personnel est « justifié par une **cause réelle et sérieuse** », et selon l'article L.1233-2, tout licenciement pour motif économique est « justifié par une **cause réelle et sérieuse** ».
Illustrations	• Détournement prouvé de matériel de l'entreprise : cause RÉELLE ET SÉRIEUSE • Vol dans la caisse reproché sans preuve : cause sérieuse mais NON RÉELLE • Vol d'une boîte de conserve en supermarché : cause réelle mais NON SÉRIEUSE
Sanction	Si le licenciement est reconnu « sans cause réelle et sérieuse », le conseil de prud'hommes sanctionne l'employeur en le condamnant, en général, à verser des dommages et intérêts au salarié.

DOC. 6 Le licenciement individuel pour motif personnel

Licenciement pour faute	Licenciement pour fait non fautif
1. **Faute sérieuse :** comportement portant atteinte de façon dommageable au fonctionnement de l'entreprise (ex. : négligences, retards répétés). 2. **Faute grave :** violation des obligations du salarié rendant impossible la poursuite du travail, même durant le préavis (ex. : vol, abandon de poste). 3. **Faute lourde :** faute d'une exceptionnelle gravité, manifestant une intention de nuire à l'entreprise (ex. : dénigrement des activités de l'entreprise, destruction volontaire de matériel).	1. Insuffisance ou inaptitude à s'adapter au travail (même si la bonne volonté du travailleur ou son application sont le signe qu'il ne commet aucune faute professionnelle). 2. Caractère et comportement créant une gêne au travail. 3. Maladie prolongée désorganisant l'entreprise et nécessitant un remplacement par un salarié en CDI.

DOC. 7 Le licenciement économique selon le Code du travail

Article L.1233-3 (extrait)

Constitue un licenciement pour motif économique le licenciement effectué par un employeur pour un ou plusieurs motifs non inhérents à la personne du salarié résultant d'une suppression ou transformation d'emploi ou d'une modification, refusée par le salarié, d'un élément essentiel du contrat de travail, consécutives notamment :

1° À des difficultés économiques caractérisées soit par l'évolution significative d'au moins un indicateur économique tel qu'une baisse des commandes ou du chiffre d'affaires, des pertes d'exploitation ou une dégradation de la trésorerie ou de l'excédent brut d'exploitation, soit par tout autre élément de nature à justifier de ces difficultés [...] ;

2° À des mutations technologiques ;

3° À une réorganisation de l'entreprise nécessaire à la sauvegarde de sa compétitivité ;

4° À la cessation d'activité de l'entreprise.

La matérialité de la suppression, de la transformation d'emploi ou de la modification d'un élément essentiel du contrat de travail s'apprécie au niveau de l'entreprise. [...]

Situation

Madame X a été engagée par la société Calyon le 11 février 2015 en qualité de chargée de relation. Le 30 mai 2011, elle a été licenciée pour insuffisance professionnelle. La lettre de licenciement fait état de divers manquements de la salariée. [...] La salariée a contesté son licenciement devant le conseil de prud'hommes. Les juges prud'homaux ont affirmé que le licenciement reposait sur une cause réelle et sérieuse. [...] Dans un arrêt du 27 avril 2019, les juges d'appel ont confirmé le jugement [...]. La Cour de cassation casse et annule l'arrêt rendu par la cour d'appel de Versailles. Elle affirme [qu'il était reproché] à la salariée d'avoir refusé [...] de se soumettre aux directives [...], et de s'être opposée [...] à son responsable, ce dont il résultait que le licenciement avait été prononcé pour des motifs disciplinaires.

Frédéric Chhum, avocat et Julie Rougé-Guiomar, juriste, www.village-justice.com, mai 2019.

9 Pour quel motif la salariée a-t-elle été licenciée ? Pourquoi la Cour de cassation désapprouve-t-elle les juges du fond ? ▶ Situation et doc. 6

....

....

10 En quoi l'arrêt de la Cour de cassation fixe-t-il ici la limite entre licenciement pour faute et licenciement personnel pour fait non fautif ? ▶ Situation et doc. 6

....

....

11 Quel motif de licenciement peut-on invoquer dans ces situations ? ▶ Doc. 6

a. Espionnage industriel au profit d'un concurrent : ....

b. Incapacité à s'adapter à un nouveau logiciel : ....

c. Non-reprise du travail après les congés payés : ....

Situation

Les constructeurs automobiles ont [...] été fortement impactés par la crise. L'arrêt de l'activité a eu des conséquences directes sur leur santé financière. Le secteur auto était en pleine mutation, et avait initié des investissements massifs pour l'électrification de leur gamme. Le déclin de l'économie a donc durement touché les constructeurs automobiles, qui [...] se sont vus obligés de procéder à des mesures drastiques pour faire des économies, des restructurations ou encore des appels au financement.

www.annonces-automobile.com, 24 juillet 2020.

12 Analysez et décomposez l'article L.1233-3 du Code du travail. ▶ Doc. 7

1. Les causes possibles à l'origine du licenciement économique	→	2. Les motifs précis
....		....
....		....
....		....
....		....

13 Quel motif de licenciement les constructeurs automobiles peuvent-ils invoquer ? ▶ Situation et doc. 7

....

Allez plus loin ! STMG_Droit_Term_Plus_loin_Ch07_partie2.pdf ▶ Vers PIX

3 Apprécier la validité de la rupture du contrat de travail par les deux parties

DOC. 8 Le succès de la procédure de rupture conventionnelle individuelle

Article L.1237-11 du Code du travail (loi du 25 juin 2008)

L'employeur et le salarié peuvent convenir en commun des conditions de la rupture du contrat de travail [à durée indéterminée] qui les lie.

La rupture conventionnelle, exclusive du licenciement ou de la démission, ne peut être imposée par l'une ou l'autre des parties. Elle résulte d'une convention signée par les parties au contrat. […]

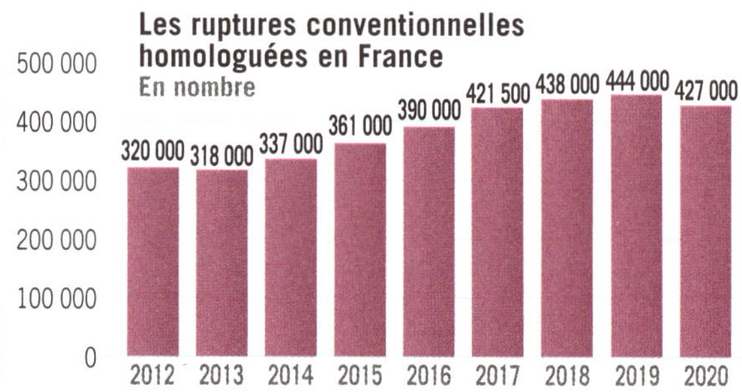

DOC. 9 Les modalités de la rupture conventionnelle homologuée

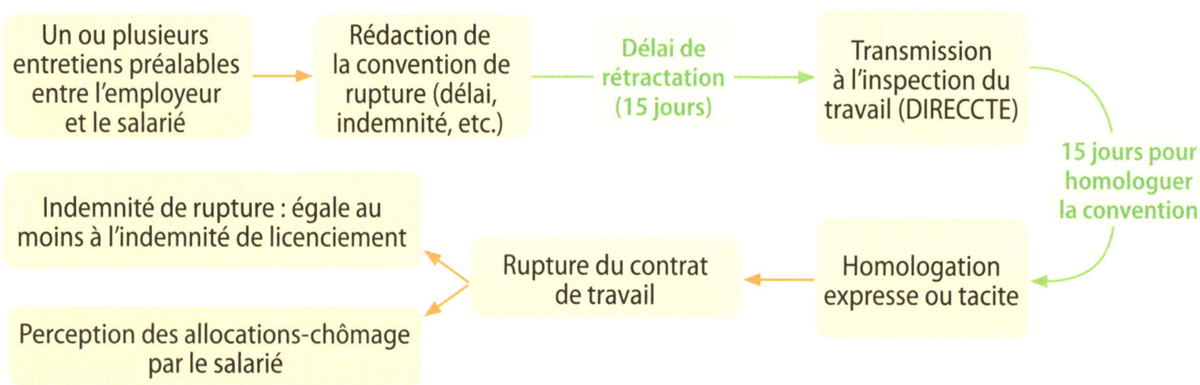

DOC. 10 La rupture conventionnelle collective (RCC)

Le dispositif de la RCC

Dans le cadre fixé par le Code du travail, un **accord collectif** [signé entre les représentants syndicaux de l'entreprise et la direction] peut prévoir une rupture conventionnelle collective conduisant à une rupture du contrat de travail d'un **commun accord** entre l'employeur et le salarié.

Cet accord collectif, qui doit faire l'objet d'une **validation** par le directeur régional des entreprises, de la concurrence, de la consommation, du travail et de l'emploi (DIRECCTE), détermine notamment le nombre maximal de départs envisagés, les conditions que doit remplir le salarié pour en bénéficier, les modalités de calcul des indemnités de rupture garanties au salarié, celles-ci ne pouvant être inférieures aux indemnités légales dues en cas de licenciement pour motif économique, ainsi que les mesures visant à faciliter l'accompagnement et le reclassement des salariés.

https://travail-emploi.gouv.fr

Son application

Le comité d'évaluation des ordonnances réformant le Code du travail a dénombré 164 accords de rupture conventionnelle collective [au 30 mars 2020]. […] Toutes les RCC ont franchi l'étape de la signature de syndicats majoritaires et la validation par l'administration du Travail. […] 24 entreprises, soit 13 %, ont abandonné leur projet faute d'avoir réussi à convaincre des syndicats majoritaires.

Leïla de Comarmond, www.lesechos.fr, août 2020.

Situation Depuis quelques années, des dizaines de salariés de Stellantis (ex-PSA), de Renault ou de leurs sous-traitants ont poussé la porte de Pôle emploi en expliquant qu'ils avaient accepté une procédure de rupture conventionnelle homologuée. Les avantages de ce mode de rupture du contrat de travail semblent convaincants pour eux-mêmes autant que pour leur employeur.

14 Un salarié peut-il imposer à son employeur une rupture conventionnelle du contrat de travail ? Justifiez. ▶ Doc. 8

....

....

15 Quels avantages de la rupture conventionnelle expliquent son succès : ▶ Doc. 8 et 9

– pour l'employeur ? : ....

....

– pour le salarié ? : ....

....

16 Quelle est l'utilité de l'homologation de la rupture conventionnelle par l'inspection du travail ? ▶ Doc. 9

....

....

17 Quels points de la convention de rupture sont, selon vous, particulièrement examinés par l'inspecteur du travail ? ▶ Doc. 9

....

....

Situation Un accord de rupture conventionnelle collective a été signé entre la direction de Renault et plusieurs syndicats. Au terme d'une réunion, ce jeudi 28 janvier [2021], les organisations syndicales annoncent 377 salariés éligibles sur 1870, à l'usine du Mans. [...] « Cela ne veut pas dire que 377 personnes vont partir, c'est sur la base du volontariat », tempère Gilles Guitton, délégué CFDT. [...] Les syndicats ne prévoient pas de mobilisation, puisque la décision appartient à chaque salarié individuellement.

www.francebleu.fr, janvier 2021.

18 Quelles sont les étapes de la conclusion d'une rupture conventionnelle collective ? ▶ Doc. 10

....

....

19 Quelles sont les garanties d'un équilibre entre les intérêts des salariés et ceux de l'employeur lors de l'adoption d'une rupture conventionnelle collective ? ▶ Doc. 10

....

....

Allez plus loin ! STMG_Droit_Term_Plus_loin_Ch07_partie3.pdf

4 Identifier les conséquences de la rupture du contrat de travail

DOC. 11 Les indemnités dues au salarié

1. L'indemnité de licenciement

Le salarié en CDI, licencié, a droit à une indemnité de licenciement, sous certaines conditions. Son montant minimum est déterminé d'après la formule légale de calcul :

- 1/4 de mois de salaire par année d'ancienneté pour les 10 premières années ;
- 1/3 de mois de salaire par année d'ancienneté à partir de la 11e année.

En cas d'année incomplète, l'indemnité est calculée proportionnellement au nombre de mois complets.

Exemple : pour un salaire de référence de 1 500 €, l'indemnité minimale avec une ancienneté de 12 ans et 9 mois est de : [(1 500 × 1/4) × 10] + [(1 500 × 1/3) × 2] + [(1 500 × 1/3) × (9/12)] = 5 125 €.

Toutefois, elle n'est pas due en cas de licenciement pour faute grave ou lourde. Le salarié licencié doit justifier d'au moins 8 mois d'ancienneté ininterrompus au service du même employeur.

D'après www.service-public.fr, septembre 2019.

2. L'indemnité compensatrice de congés payés

Lors de la rupture du contrat de travail, le salarié perçoit une indemnité pour ses congés payés, dont le montant correspond à la rémunération du nombre de jours de congé lui restant à prendre.

DOC. 12 Le préavis

Définition	Le préavis est la période qui sépare la notification du licenciement et la rupture effective du contrat de travail : le salarié continue à travailler et il est payé.
Durée	La durée du préavis **dépend de l'ancienneté du salarié** : – jusqu'à 6 mois d'ancienneté : durée fixée par la convention collective ou les usages ; – ancienneté comprise entre 6 mois et 2 ans : préavis d'un mois ; – ancienneté supérieure à 2 ans : préavis de 2 mois.
Sanction	En cas de non-respect du préavis, l'employeur commet une **brusque rupture** et doit une **indemnité** égale au salaire correspondant à la durée du préavis.
Exceptions	En cas de faute lourde ou grave, le salarié perd son droit à préavis.

DOC. 13 Les documents remis au salarié

À l'occasion de la rupture du contrat de travail, quel qu'en soit le motif (même en cas de démission), vous devez remettre au salarié sur le départ un certain nombre de documents : certificat de travail, attestation Pôle emploi [qui permet de s'inscrire à Pôle emploi et prétendre aux allocations-chômage], solde de tout compte : il s'agit ici de recenser les sommes qui doivent être versées au salarié lors de la rupture de son contrat [salaire, indemnité de congés payés, heures supplémentaires, etc.].

Un reçu… libératoire ? Vous devez établir un reçu en double exemplaire, dont un des exemplaires est remis au salarié. Sachez que ce dernier a la possibilité de contester ce reçu dans les **6 mois**, par lettre recommandée avec AR.

www.weblex.fr

DOC. 14 Le droit aux allocations-chômage

Vous pourrez bénéficier des allocations-chômage si vous remplissez toutes les conditions suivantes : vous avez été salarié au moins 6 mois au cours des 24 derniers mois […] ; vous avez involontairement perdu votre emploi ou avez perdu votre emploi dans le cadre d'une rupture conventionnelle ; vous vous inscrivez à Pôle emploi dans les 12 mois qui suivent la perte de votre travail. […] ; vous recherchez activement un emploi […] ; vous êtes physiquement apte à travailler ; vous habitez en France.

www.unedic.org

Situation

Bridgestone France et les organisations syndicales de l'usine de Béthune, vouée à la fermeture, ont signé jeudi [21 janvier 2021] un accord « améliorant significativement » les indemnités de départ initialement prévues dans le PSE[1] [...]. Cet accord, qui améliore significativement le niveau d'indemnisation [...]prévoit, en plus de l'indemnité légale, une indemnité supra-légale composée d'un montant forfaitaire [d'au moins 45 000 €] et d'une majoration [de 2 500 €] par année d'ancienneté [...].

1. Plan de sauvegarde de l'emploi, imposé par la loi en cas d'importants licenciements économiques collectifs

www.bfmtv.com, janvier 2021.

20 Selon vous, quelles sont les finalités de l'indemnité de licenciement ? Doc. 11

....

21 En quoi l'indemnisation de salariés licenciés par Bridgestone semble-t-elle généreuse ? Doc. 11

....

22 Quelle est l'utilité du préavis de licenciement ? Doc. 12

....

23 Justifiez la sanction de la « brusque rupture » du CDI par l'employeur. Doc. 12

....

....

Situation

Vous vous séparez d'un de vos salariés, qu'il s'agisse d'une démission de sa part, d'un licenciement, d'une rupture négociée, etc. Vous allez devoir accomplir un certain nombre de formalités et remettre au salarié sur le départ plusieurs documents. Il s'agit là d'une étape importante qui formalise la rupture de la relation de travail.

www.weblex.fr

24 Quelle est l'utilité de l'attestation Pôle emploi remise au salarié ? Doc. 13

....

25 En quoi le reçu pour solde de tout compte peut-il prévenir des litiges entre l'employeur et son ex-salarié ? Doc. 13

....

....

26 Pourquoi ce reçu peut-il être dénoncé par l'ex-salarié durant 6 mois ? Doc. 13

....

....

27 Qu'est-ce qui montre que les allocations-chômage sont conçues comme une aide pour retrouver un emploi ? Doc. 14

....

....

Allez plus loin ! STMG_Droit_Term_Plus_loin_Ch07_partie4.pdf Vers PIX

Applications

1 Testez vos connaissances

Répondez par vrai ou par faux aux propositions suivantes.

1. Le salarié en CDI est toujours libre de démissionner.
☐ Vrai ☐ Faux

2. La démission peut survenir du jour au lendemain.
☐ Vrai ☐ Faux

3. Le salarié peut prendre sa retraite quand il veut.
☐ Vrai ☐ Faux

4. Selon la loi, la cause du licenciement doit être réelle ou sérieuse.
☐ Vrai ☐ Faux

5. Le licenciement pour motif personnel peut survenir sans faute du salarié.
☐ Vrai ☐ Faux

6. Le licenciement s'accompagne toujours d'une indemnité.
☐ Vrai ☐ Faux

7. C'est la jurisprudence qui définit les cas possibles de licenciement économique.
☐ Vrai ☐ Faux

8. La rupture conventionnelle du CDI doit être approuvée par l'inspection du travail.
☐ Vrai ☐ Faux

9. La rupture conventionnelle peut concerner plusieurs salariés à la fois.
☐ Vrai ☐ Faux

10. Le reçu pour solde de tout compte peut être dénoncé au maximum dans les deux mois qui suivent sa signature.
☐ Vrai ☐ Faux

2 Maîtriser le vocabulaire juridique

Indiquez la formulation juridique qui correspond à chaque formulation du langage courant

Formulations du langage courant	Formulations juridiques
1. Une vendeuse a quitté son emploi pour accepter une proposition chez un autre patron. •	• a. Injures ou coups dans le travail peuvent être sanctionnés par un licenciement pour faute grave, sans préavis.
2. Les retards répétés d'un employé lui ont coûté son emploi. •	• b. Un salarié et son employeur ont décidé d'une rupture conventionnelle homologuée.
3. Un chef d'entreprise et son salarié ont décidé de se séparer d'un commun accord. •	• c. Une salariée a démissionné pour être embauchée par un autre employeur.
4. Le renvoi sans raison valable d'un salarié peut coûter cher à l'employeur. •	• d. Le licenciement sans cause réelle et sérieuse permet d'obtenir des dommages-intérêts.
5. Injurier un collègue ou le frapper peut faire perdre son emploi de façon brutale. •	• e. Le reçu pour solde de tout compte peut être dénoncé par le salarié dans les 6 mois qui suivent sa remise.
6. Le document remis au salarié pour solder son dû peut être contesté après sa signature. •	• f. Un salarié a été licencié pour une série de faits qualifiés de « faute sérieuse ».

3 Analyser un document concernant la rupture du CDI

1. De quel type de rupture du CDI s'agit-il ici ? Quelles sont les parties concernées ?
2. À quel moment de la procédure ce document a-t-il été rédigé ? Rappelez les phases préalables et les phases à venir.
3. Quels articles de cet accord répondent à une obligation légale ?
4. Jusqu'à quand les parties peuvent-elles se rétracter ? Que se passe-t-il dans ce cas ?
5. Que se passerait-il en cas de refus d'homologation de cette rupture par l'inspection du travail ?

DOC. 1 Convention de rupture conventionnelle de CDI (extrait)

Article 1 – Contexte : lors d'entretiens informels, la possibilité d'une rupture conventionnelle entre Mme Rami et notre entreprise a été évoquée. Mme Rami a donc été conviée à rencontrer M. Berard le 4 mai et le 18 mai 2020.

Article 2 – Date d'effet de la rupture conventionnelle : il a été convenu que la rupture du contrat de Mme Rami prendrait effet au lendemain du jour de l'homologation de la convention par l'inspection du travail, soit au plus tard le 30 juin 2020.

Article 3 – Indemnité de rupture conventionnelle : Mme Rami percevra une indemnité égale à 2 500 euros (calculée sur les mêmes bases qu'une indemnité de licenciement).

Article 4 – Délai de rétractation : conformément à l'article L.1237-13 du Code du travail, chacune des parties à cette convention pourra se rétracter sous un délai de 15 jours calendaires à compter du lendemain de la date de signature de la présente convention. La rétractation devra être notifiée à l'autre partie par tout moyen permettant d'attester de la date de réception de la demande de rétractation.

Article 5 – Demande d'homologation : à l'issue du délai de rétractation, la société se chargera de faire parvenir la demande d'homologation à l'inspection du travail. Un exemplaire de la présente convention sera joint à l'envoi.
[...]

Fait en deux exemplaires originaux à Béziers, le 20 mai 2020.

Signatures des parties, précédées des mentions manuscrites « Bon pour acceptation de la convention de rupture »

Signature du salarié — Signature de l'employeur

DOC. 2 Code du travail

Article L.1237-12. Les parties au contrat conviennent du principe d'une rupture conventionnelle lors d'un ou plusieurs entretiens [...]

Article L.1237-13. La convention de rupture définit les conditions de celle-ci, notamment le montant de l'indemnité spécifique de rupture conventionnelle qui ne peut pas être inférieur à celui de l'indemnité prévue à l'article L.1234-9 [indemnité de licenciement].
Elle fixe la date de rupture du contrat de travail, qui ne peut intervenir avant le lendemain du jour de l'homologation.
À compter de la date de sa signature par les deux parties, chacune d'entre elles dispose d'un délai de quinze jours calendaires pour exercer son droit de rétractation. Ce droit est exercé sous la forme d'une lettre adressée par tout moyen attestant de sa date de réception par l'autre partie.

Article L.1237-14. À l'issue du délai de rétractation, la partie la plus diligente adresse une demande d'homologation à l'autorité administrative, avec un exemplaire de la convention de rupture. Un arrêté du ministre chargé du Travail fixe le modèle de cette demande.
L'autorité administrative dispose d'un délai d'instruction de quinze jours ouvrables, à compter de la réception de la demande, pour s'assurer du respect des conditions prévues à la présente section et de la liberté de consentement des parties. À défaut de notification dans ce délai, l'homologation est réputée acquise et l'autorité administrative est dessaisie.
La validité de la convention est subordonnée à son homologation. [...]

4 Apprécier la validité d'une démission

★★

Une salariée a été engagée le 10 août 2010 en qualité d'employée de commerce par une société exploitant un supermarché. Le 19 décembre 2013, elle commet une infraction sur le lieu de travail et est prise sur le fait. Elle rédige alors une lettre de démission à effet immédiat, qu'elle remet à son employeur. Ce document ne comporte aucune réserve, la démission ayant été donnée, selon les termes de la lettre, « pour convenances personnelles ».

Pourtant, le 27 décembre 2013, la salariée conteste la validité de sa démission et décide de saisir la juridiction prud'homale. L'affaire a été portée devant la cour d'appel et la Cour de cassation.

1. Qualifiez les faits et les parties concernées par ce litige.
2. Quel est le problème juridique posé ?
3. Sur quel fondement la salariée pensait-elle pouvoir obtenir des dommages-intérêts de son ex-employeur ?
4. Quel est le sens de l'arrêt de la cour d'appel ?
5. Quel est le sens de l'arrêt de la Cour de cassation ? Quel caractère de la démission justifie cette décision ?

DOC. 1 La décision de la cour d'appel

La cour d'appel a rejeté la demande de dommages-intérêts de la salariée en relevant que la lettre de démission en date du 19 décembre 2013 ne comportait aucune réserve et qu'elle procédait d'une volonté libre, consciente, expresse, claire et non équivoque.

DOC. 2 Extrait de l'arrêt de la Cour de cassation du 23 janvier 2019

En statuant ainsi, alors qu'elle avait relevé :
– d'une part que l'acte de démission avait été rédigé par la salariée en même temps qu'un écrit de reconnaissance des faits qui lui étaient reprochés, en présence du directeur, dans un contexte de grande fatigue, et cela après que le directeur a indiqué qu'il allait appeler les gendarmes et porter plainte ;
– d'autre part que la salariée s'était rétractée quelques jours après, la cour d'appel, qui n'a pas tiré les conséquences légales de ses constatations, a violé le texte susvisé ;
PAR CES MOTIFS, CASSE ET ANNULE [l'arrêt de la cour d'appel], en ce qu'il a jugé libre, claire et non équivoque la démission donnée par Mme X… le 19 décembre 2013 et l'a déboutée en conséquence de ses demandes […].

Les libertés individuelles et collectives des salariés

8

Capacités

- Apprécier le caractère licite d'une grève.
- Apprécier le respect des droits individuels et collectifs des salariés dans une situation donnée.
- Expliquer les rôles des partenaires sociaux et des représentants salariés dans une entreprise.

Vers PIX

D.1.1. - Mener une recherche et une veille d'information

Avant la classe

Vidéo : « D'où vient la pratique de la grève en France ? » – *Le Monde*
liennathan.fr/3n6k3g

Comment a évolué la possibilité de faire grève en France ?

Situation

La protection des libertés des salariés : une valeur forte pour le Groupe Stellantis (multinationale Peugeot – Fiat – Chrysler)

Bienvenue dans notre Code de conduite. Chez Stellantis, nous pensons que l'intégrité est essentielle à nos activités. […] Le Code s'applique à tous nos collaborateurs, ce qui inclut chaque individu travaillant pour nous dans le monde : salariés à temps plein ou partiel, en CDI ou en CDD, intérimaires, dirigeants et membres du conseil d'administration de Stellantis. […] Stellantis promeut l'équité et la diversité en matière d'emploi, ainsi qu'un environnement où chacun est reconnu pour ses contributions au service de l'entreprise. Entre autres déclarations, nous souscrivons à la Déclaration universelle des droits de l'homme de l'Organisation des Nations Unies (« ONU »), ainsi qu'à la Déclaration de l'Organisation Internationale du Travail relative aux principes et droits fondamentaux au travail. […] Des mesures disciplinaires appropriées seront prises en cas de manquement. […] Certaines lois et réglementations locales traitent la protection des informations personnelles et privées. Stellantis s'engage à respecter le droit à la vie privée de son personnel, […] et à mettre en place des contrôles appropriés afin de protéger toutes les données à caractère personnel.

www.stellantis.com, extraits du « Code de conduite Stellantis », mars 2021.

1 Identifier les droits individuels des salariés

DOC. 1 Les droits individuels des salariés

La liberté de pensée et d'expression	**La liberté d'opinion :** le salarié est **libre de penser** comme il l'entend ou d'avoir des opinions contraires à celles de son employeur ou de son manager. **La liberté d'expression :** le salarié a la **possibilité de s'exprimer sur son travail** de façon critique, de proposer des améliorations de ses conditions de travail. **La liberté religieuse :** le salarié peut **librement choisir et pratiquer sa religion**. Cependant, l'employeur pourra restreindre cette liberté, à certaines conditions.
Le respect de la vie personnelle	**Le respect de la vie privée :** l'article 9 du Code civil précise que **chacun a droit au respect de sa vie privée.** Il s'agit notamment de la vie sentimentale et familiale, du droit à l'image, de la situation de sa santé, de l'intimité de son domicile. **La protection des données personnelles :** l'employeur doit **protéger les données** qu'il collecte sur les salariés (nom, prénom, adresse, taux d'imposition sur le revenu...). **Le droit à la déconnexion :** l'employeur doit permettre au salarié de **ne pas être joignable durant ses repos** et congés. **Le secret des correspondances :** l'employeur **ne doit pas consulter les courriels** ou les courriers de ses salariés identifiés comme « personnels ». **La liberté vestimentaire :** un salarié est, en principe, **libre de s'habiller comme il l'entend**, même si ce principe n'est pas absolu.

DOC. 2 Le règlement général sur la protection des données relatives aux salariés

La protection des données à caractère personnel est assurée par le Règlement général sur la protection des données (RGPD), règlement européen du 25 mai 2018 qui s'impose à toute entreprise ou organisation exploitant des données personnelles de résidents européens. Le RGPD renforce les droits des personnes en améliorant leurs moyens d'information sur la collecte et l'utilisation de leurs données personnelles, en obligeant les entreprises à demander l'autorisation préalablement à tout usage de ces données, en améliorant le contrôle de leur utilisation.

De très nombreuses données personnelles relatives aux employés sont nécessaires pour la gestion de leur carrière au sein de votre entreprise et sont souvent conservées de façon informatisée.
Ne demandez à vos employés que les **informations utiles** pour accomplir leurs missions, et évitez de traiter des données dites « sensibles » (activité syndicale, opinions politiques, religion, origine ethnique, santé). [...] Vous disposez forcément d'informations particulières (et donc à risque) sur vos employés (coordonnées bancaires pour la paie, numéro de Sécurité sociale pour les déclarations sociales, etc.). Assurez-vous d'en garantir la **confidentialité** et la **sécurité**. Ainsi, seules les personnes habilitées doivent en prendre connaissance (DRH, délégué à la protection des données, etc.). Informez vos collaborateurs à chaque fois que vous leur demandez des informations (exemples : mise à jour des données administratives, demande de formation, formulaire d'entretien d'évaluation, etc.).

www.cnil.fr

DOC. 3 La liberté d'expression des salariés

La liberté d'expression est garantie par la Convention européenne des droits de l'Homme : « Toute personne a droit à la liberté d'expression. » Ce droit comprend, pour un salarié, la liberté d'opinion et la liberté de recevoir ou de communiquer des informations (ou des idées). Le salarié a la possibilité de s'exprimer sur le contenu de son travail, les conditions d'exercice et d'organisation de son travail, de défendre son opinion, de critiquer l'entreprise sur un lieu privé. Les opinions que les salariés, quelle que soit leur place dans la hiérarchie professionnelle, émettent dans l'exercice du droit d'expression ne peuvent motiver une sanction ou un licenciement.

Situation

Une filiale d'un grand groupe automobile a été condamnée par la CNIL pour avoir surveillé ses salariés. Concrètement, lorsqu'un employé s'absentait, les managers avaient pris l'habitude de l'interroger sur les raisons de son absence. En cas d'arrêt maladie, il devait par exemple préciser ses symptômes et ses antécédents médicaux. Toutes ces informations étaient ensuite stockées dans un fichier et servaient à établir des profils individuels, explique l'autorité protectrice de la vie privée. Lors de discussions informelles, les managers récoltaient également des informations sur les problèmes familiaux ou les croyances religieuses de leurs collaborateurs. Ces données étaient mises à la libre disposition des autres responsables. Par conséquent, certains de ces supérieurs possédaient une large connaissance sur la vie privée de leurs employés.

1 Identifiez les droits des salariés en matière de respect de leur vie personnelle qui s'imposent à l'employeur. Situation et doc. 1

....

....

2 Quelles données personnelles sont collectées par la filiale de ce grand groupe automobile ? Situation et doc. 1 et 2

....

3 Pourquoi le fichier est-il considéré comme « illégal » ? Situation et doc. 2

....

....

4 D'après vous, quel risque fait courir la collecte de données sensibles pour les salariés ? Doc. 2

....

Situation

Henri, salarié sous-traitant de Renault, a été licencié pour faute grave. Il avait proposé, par mail, aux syndicats du technocentre Renault à Guyancourt, de diffuser, lors d'une soirée, un documentaire satirique *Merci patron!*. Le conseil de prud'hommes a donné raison à l'employeur en jugeant que le salarié avait abusé de sa liberté d'expression.

5 Dans cette affaire, quel reproche l'employeur adresse-t-il à Henri ? Situation

....

6 Peut-on établir un lien entre le reproche formulé et la liberté d'expression du salarié pour justifier ce licenciement ? Situation et doc. 3

....

....

7 Quels droits individuels ne semblent pas respectés dans cette affaire ? Doc. 1 et 3

....

....

Allez plus loin ! STMG_Droit_Term_Plus_loin_Ch08_partie1.pdf Grand oral

2 Comprendre les limites aux droits individuels des salariés

DOC. 4 Article L.1121-1 du Code du travail

Nul ne peut apporter aux droits des personnes et aux libertés individuelles et collectives de restrictions qui ne seraient pas justifiées par la nature de la tâche à accomplir ni proportionnées au but recherché.

DOC. 5 Les restrictions des droits individuels des salariés

La liberté d'expression	**La liberté d'expression est limitée en cas d'abus.** Les juges qualifient l'abus si les propos sont injurieux, diffamatoires, abusifs, racistes.
	L'**obligation de loyauté,** inhérente au contrat de travail, se manifeste par un devoir de réserve, une obligation de discrétion et de non-concurrence envers son employeur.
La liberté religieuse	**Les convictions religieuses ne doivent pas causer de troubles dans l'entreprise.** Sont interdits le prosélytisme ou les actes de pression et le port de signes religieux ostentatoires pour des raisons d'hygiène ou de sécurité.
Le respect de la vie privée	**La vie privée ne doit pas nuire à la vie professionnelle du salarié** et donc à la bonne marche de l'entreprise. Ainsi, il est parfois admis que l'employeur puisse mettre en place des systèmes de vidéosurveillance ou de géolocalisation des véhicules de fonction.
Le secret des correspondances	Tout message envoyé ou reçu par un salarié depuis le poste de travail mis à sa disposition par l'employeur revêt un caractère professionnel, sauf s'il est identifié comme étant personnel. **L'employeur peut consulter les messages à caractère professionnel.**
La liberté vestimentaire	L'entreprise peut imposer le respect d'un **code vestimentaire** : • en obligeant ses salariés à porter des protections particulières dues à la nature de leur métier dans un objectif d'hygiène et de sécurité (port d'un casque, d'une blouse…) ; • en obligeant le port d'une tenue spécifique (uniforme ou costume) qui s'explique par le secteur d'activité et les tâches à accomplir par le salarié.

DOC. 6 La liberté d'expression des salariés : une question de limites !

Les salariés bénéficient d'un droit à l'expression directe et collective sur le contenu, les conditions d'exercice et l'organisation de leur travail (Code du travail, article L.2281-1). Mais comment faire lorsque les salariés abusent de cette liberté *via* les réseaux sociaux au sein de l'entreprise ou en dehors et causent ainsi des dommages à l'entreprise ? Les réseaux sociaux sont-ils un espace public ou privé ? De nouvelles problématiques pour le droit dont la jurisprudence s'est emparée du fait de l'explosion des litiges. Dans ce contexte, un principe sert de « gouvernail » : le principe de loyauté qui impose aux salariés des propos mesurés pour préserver la réputation et l'image de l'entreprise. Dans ce cas, la liberté d'expression des salariés est forcément limitée.

DOC. 7 L'employeur peut-il lire les courriers et courriels adressés au salarié ?

Mon employeur peut-il accéder à ma messagerie professionnelle ?
Tout message envoyé ou reçu depuis votre messagerie professionnelle est supposé avoir un caractère professionnel, sauf s'il est clairement identifié comme étant personnel (par exemple, avec l'indication « Personnel » ou « Privé » en objet) ou classé dans un répertoire « Personnel ».
Un message identifié comme personnel est considéré comme une correspondance privée et votre employeur doit en respecter le secret. La violation du secret des correspondances est une infraction pénale ! Par contre, il peut lire vos messages professionnels.
Cette protection n'existe plus si une enquête judiciaire est en cours (par exemple, si vous êtes accusé de vol de secrets de l'entreprise) ou si votre employeur a obtenu une décision d'un juge l'autorisant à accéder à ces messages. Votre employeur peut ainsi demander au juge de faire appel à un huissier qui pourra prendre connaissance de vos messages.

www.cnil.fr, Posez votre question, la CNIL vous répond, 2022.

Situation Selon les termes de la lettre de licenciement, la société d'Henri lui reproche d'avoir diffusé sur le site Internet YouTube l'entretien avec son PDG, enregistré à l'insu de ce dernier, apportant ainsi une large diffusion à un échange informel et privé, et nuisant à l'image et la réputation de la société, tout en ayant un impact négatif sur les relations entre celle-ci et la société cliente Renault. L'employeur estime que cette attitude constitue une absence de loyauté.

8 De quelle liberté s'agit-il ici dans ce cas ? Est-il possible de restreindre cette liberté ?
▶ Situation et doc. 4

....

....

9 Pourquoi l'employeur estime-t-il qu'Henri n'a pas respecté son obligation de loyauté ? ▶ Doc. 5

....

....

10 Quels problèmes la communication des salariés *via* Internet pose-t-elle aux entreprises ? ▶ Doc. 6

....

....

11 Comment les juges tranchent-ils les litiges issus de la consultation des mails par l'employeur ? ▶ Doc. 7

....

....

....

Situation Par un arrêt du 27 février 2018, la cour d'appel de Versailles avait annulé le licenciement d'Henri qui avait communiqué par mail avec les syndicats du technocentre de Renault. La cour avait jugé infondé ce licenciement, car portant atteinte à la liberté d'expression du salarié. Dans un arrêt du 4 novembre 2020, la Cour de cassation a cassé l'arrêt de la cour d'appel et validé le licenciement, en considérant que le salarié avait abusé de sa liberté d'expression.

12 Comparez les points de vue de la cour d'appel et de la Cour de cassation dans cette affaire. ▶ Situation et doc. 4 et 5

....

....

13 Quels objectifs le droit poursuit-il en limitant les droits individuels des salariés ? ▶ Doc. 4 à 6

....

....

Allez plus loin ! STMG_Droit_Term_Plus_loin_Ch08_partie2.pdf ▶ Vers PIX

3 Apprécier le respect des droits collectifs des salariés

DOC. 8 Le droit de grève

Le droit de grève est un droit constitutionnel reconnu à tout salarié dans l'entreprise. En effet, l'article 7 du préambule de la Constitution de 1946 dispose : « Le droit de grève s'exerce dans le cadre des lois qui le réglementent. »
La grève est définie par la jurisprudence comme étant la cessation collective et concertée du travail en vue d'appuyer des revendications professionnelles.
Si les trois conditions du droit de grève ne sont pas réunies, il n'y a pas exercice normal du droit de grève mais un mouvement illicite qualifié d'« abusif ». Le salarié participant à un mouvement illicite n'est pas protégé par le droit de grève. Il risque une sanction disciplinaire et peut être licencié.

DOC. 9 L'abus du droit de grève

La Cour de cassation précise que ce n'est qu'au cas où la grève entraîne ou risque d'entraîner la désorganisation de l'entreprise qu'elle dégénère en abus. Certains mouvements sont donc jugés illicites. Par exemple :
– la grève du personnel d'entretien d'un hôtel de luxe parisien a été jugée illicite parce que les salariés grévistes [...] gênaient le travail des non-grévistes et dérangeaient la clientèle. En effet, des tracts étaient distribués aux clients, les non-grévistes étaient interpellés à l'aide de sifflet ou d'un mégaphone, etc. [...] (Cass. Soc. 10 février 2021, n° 19-14.021) ;
– des salariés qui participaient au blocage des accès de leur entreprise, en empêchant les camions d'en sortir, ont été licenciés pour faute lourde. En effet, les personnes présentes sur le piquet de grève se sont alignées devant l'entrée faisant obstacle à la libre circulation des marchandises (Cass. Soc. 18 janvier 2017, n° 15-22.428) ;
– un salarié est licencié à bon droit, selon un arrêt de la Cour de cassation du 16 mai 2001, pour avoir participé à une « grève perlée », c'est-à-dire à un mouvement tendant à freiner volontairement l'entreprise sans cesser le travail (Cass. soc. 16 mai 2001, n° 99-41.604).

DOC. 10 L'exercice du droit de grève

Article L.2511-1 du Code du travail
L'exercice du droit de grève ne peut justifier la rupture du contrat de travail, sauf faute lourde imputable au salarié. Son exercice ne peut donner lieu à aucune mesure discriminatoire [...], notamment en matière de rémunérations et d'avantages sociaux.
Tout licenciement prononcé en absence de faute lourde est nul de plein droit.
Cesser le travail pour défendre des revendications professionnelles est donc un droit reconnu à tout salarié tant qu'il est exercé dans des conditions normales (sans violence, séquestration, dégradation de matériel, entrave à la liberté du travail des autres salariés...). Ces débordements, constitutifs de fautes lourdes, sont illégaux et le ou les salariés fautifs risquent des sanctions disciplinaires, civiles, voire pénales.

DOC. 11 Les conséquences du droit de grève

La grève suspend le contrat de travail mais ne le rompt pas.

Le salarié gréviste ne peut ni être sanctionné ni faire l'objet d'une discrimination.

L'employeur retient sur la paie du salarié une part du salaire proportionnelle à la durée de l'arrêt de travail.

Situation Le tribunal de Lorient, saisi par la direction, a ordonné [...] la « levée des entraves à la libre circulation » sur le site de la Fonderie de Bretagne (groupe Renault), occupé depuis fin avril [2021] par des grévistes opposés à sa cession. Le juge des référés interdit à la CGT, à ses délégués syndicaux et à tout gréviste de gêner ou d'empêcher l'accès au site de Caudan (Morbihan) « sous peine d'expulsion immédiate avec le concours de la force publique autant que de besoin », selon ce jugement, consulté par l'AFP. Il ordonne la « levée des entraves à la libre circulation des personnes et des biens » sur le site de la société.

www.francetvinfo.fr, 3 juin 2021.

14 Pourquoi les salariés de Renault ont-ils fait grève ? Situation et doc. 8

....

15 Quelles sont les 3 conditions qui justifient le caractère licite de la grève ? Situation et doc. 8

....

....

16 Quelles sanctions les salariés grévistes qui commettent des débordements encourent-ils ? Doc. 9 et 10

....

....

17 Quelle est la décision du tribunal de Lorient ? Expliquez. Situation et doc. 10

....

....

Situation Les salariés en grève de la Fonderie de Bretagne à Caudan, dans le Morbihan, ont décidé ce vendredi de signer un protocole de reprise des activités après 40 jours d'arrêt de travail. Dans un communiqué, le groupe Renault confirme qu'il « s'engage à accompagner Fonderie de Bretagne jusqu'à la reprise par un acquéreur [...]. » En tout, dix journées de négociations seront rémunérées sur la période de 40 jours d'arrêt du site.

www.francebleu.fr, 19 juin 2021.

18 Comment la fin de la grève a-t-elle été décidée ? Situation et doc. 8

....

19 Quelles vont être les conséquences de ce mouvement sur les salaires des grévistes ? Situation et doc. 11

....

....

Allez plus loin ! STMG_Droit_Term_Plus_loin_Ch08_partie3.pdf Vers PIX

4 Expliquer le rôle des partenaires sociaux et du CSE dans l'entreprise

DOC. 12 Les représentants des salariés dans l'entreprise

Dans les organisations, les intérêts des salariés sont préservés par deux organes. D'un côté, le **comité social et économique** (CSE) qui, en tant qu'instance représentative du personnel (IRP), **veille à l'expression collective des salariés** et **présente leurs réclamations**, et d'un autre côté, le **délégué syndical** qui, en tant que partenaire social, **défend les droits des salariés** au moment de la **négociation d'accords d'entreprise** avec l'employeur et formule des **revendications**.

Les salariés élisent leurs représentants au cours des élections professionnelles.

Le **comité social et économique** (salariés **élus**, présentés par les syndicats) est **informé et consulté sur différentes thématiques** qui intéressent la vie et l'avenir de l'organisation :
- les orientations stratégiques ;
- la politique sociale : emploi, formation, rémunération, égalité professionnelle… ;
- la situation économique et financière ;
- la santé-sécurité et les conditions de travail ;
- la restructuration et la compression des effectifs ;
- les licenciements économiques ;
- le plan de sauvegarde de l'emploi ;
- les procédures de redressement et de liquidation judiciaire.

Le CSE porte les **réclamations** des salariés.

Les syndicats représentatifs désignent leurs représentants.

Le ou les **délégués syndicaux** (salariés **désignés** par le ou les syndicats qui ont recueilli au moins 10 % des suffrages lors des élections des membres du CSE), **revendiquent** puis **négocient** avec l'employeur sur des thématiques obligatoires de façon régulière :
- la rémunération et le temps de travail ;
- l'égalité professionnelle homme/femme ;
- la gestion des emplois ;
- la qualité de vie au travail ;
- le plan de sauvegarde de l'emploi.

L'objectif de ces négociations est de parvenir à un **accord d'entreprise**.

C'est un accord conclu entre un employeur et les syndicats qui fixe des règles relatives aux conditions de travail, à l'emploi…

DOC. 13 La liberté syndicale (articles du Code du travail – extraits)

Article L2141-1 – Tout salarié peut librement adhérer au syndicat professionnel de son choix.
Article L2141-4 – L'exercice du droit syndical est reconnu dans toutes les entreprises dans le respect des droits et libertés garantis par la Constitution de la République. Les syndicats professionnels peuvent s'organiser librement dans toutes les entreprises.

DOC. 14 Une publication sur Facebook de la CGT Renault Le Mans

la cgt Renault

Filière automobile

« Il ne suffit pas de s'indigner, encore faut-il s'engager »

TOUS ENSEMBLE !

Pour l'emploi, il nous faut une véritable politique industrielle !

Mardi 22 Juin, à partir de 11 h

Devant l'usine de Renault Flins – Yvelines

Les principaux donneurs d'ordres, et particulièrement les 2 constructeurs, ont une réelle responsabilité quant au démantèlement de l'industrie automobile dans l'hexagone. Leurs politiques exclusivement financières poussent à une surexploitation des pays à droits sociaux inexistants au détriment des femmes et des hommes et au mépris de la planète.

Situation

Résultats aux élections professionnelles – Depuis mardi soir, les résultats du vote des salariés de notre établissement sont connus. Les salariés ont ainsi choisi les élus [...] qui les représenteront pour les 4 prochaines années et les élus CGT compteront parmi ceux-là. Nous tenons d'abord à remercier les 561 salariés de l'usine qui ont porté leur voix pour nos candidats.

Extrait du tract CGT de l'usine Renault du Mans du 19 juin 2019.

20 Comment les membres du CSE ont-ils été choisis dans l'entreprise ? Situation et doc. 12

....

21 Quelles sont les obligations de l'employeur vis-à-vis du CSE ? Doc. 12

....

....

22 Le CSE est une instance représentative du personnel. Quel est son rôle ? Doc. 12

....

....

23 Les délégués syndicaux ont-ils la possibilité de se présenter pour faire partie du CSE ? Quel intérêt cela représente-t-il ? Doc. 12

....

....

Situation

Un accord d'entreprise (« Accord relatif aux nouveaux modes de travail ») a été signé le 10 juin 2021 chez RENAULT SAS, entre la direction et les syndicats CGT-FO, CFE-CGC et CFDT.

Afin de concilier les nouveaux souhaits des salariés et les besoins de l'entreprise, les parties font le choix de mettre en place diverses formules de travail à distance : formule de télétravail standard (2 ou 3 jours de télétravail par semaine) ou formules de télétravail occasionnel (possibilité de télétravailler moins de 2 jours par semaine ou de manière épisodique ou discontinue).

D'après www.cfecgc.org, juillet 2021.

24 Quel est le rôle des syndicats dans l'entreprise ? Doc. 12 à 14

....

25 Comment les délégués syndicaux sont-ils choisis dans l'entreprise ? Doc. 12

....

26 Quelles parties négocient les accords d'entreprise ? Que recherchent-elles ? Doc. 12

....

27 Tous les salariés ont-ils l'obligation d'adhérer à un syndicat pour bénéficier des dispositions des accords d'entreprise ? Doc. 13

....

Allez plus loin ! STMG_Droit_Term_Plus_loin_Ch08_partie4.pdf Vers PIX

Applications

1 Testez vos connaissances

Répondez aux propositions suivantes.

1. Le respect de la vie personnelle comprend :
- ☐ le secret des correspondances.
- ☐ la liberté religieuse.
- ☐ la protection des données personnelles.
- ☐ la liberté vestimentaire.

2. L'employeur peut collecter toutes les informations qu'il souhaite sur ses salariés.
☐ Vrai ☐ Faux

3. Un salarié a le droit :
- ☐ de critiquer les conditions de travail.
- ☐ de condamner les choix de gestion de son employeur.
- ☐ d'insulter son employeur sur les réseaux sociaux.
- ☐ d'envoyer à partir de sa boîte professionnelle un mail personnel dans lequel il demande des nouvelles à un ami.

4. Un employeur peut consulter tous les mails de ses salariés.
☐ Vrai ☐ Faux

5. La grève est licite si les salariés :
- ☐ ont tous cessé le travail.
- ☐ ont exprimé leur avis sur la grève.
- ☐ ont des revendications politiques.

6. Les salariés grévistes sont rémunérés pendant la durée de la grève.
☐ Vrai ☐ Faux

7. Le CSE doit être informé et consulté par l'employeur pour défendre les intérêts des salariés.
☐ Vrai ☐ Faux

8. Le CSE négocie les accords collectifs avec l'employeur.
☐ Vrai ☐ Faux

2 Étudier les limites à la liberté d'expression des salariés

Yann Le Guennec est le directeur d'une entreprise agroalimentaire située à Concarneau. Dernièrement, en faisant des recherches sur les réseaux sociaux, il s'est rendu compte que certains salariés de l'entreprise ont créé un groupe dédié à la vie de l'entreprise. En parcourant les discussions, il n'a pas relevé de publications particulièrement négatives mais l'existence de ce groupe le dérange quand même.

1. Rappelez ce qu'est la liberté d'expression des salariés.

2. Dans quels cas la liberté d'expression est-elle limitée ?

3. Quels risques la communication *via* les réseaux sociaux fait-elle courir aux entreprises ?

4. Quelle est la position de la jurisprudence face aux conflits nés de l'expression des salariés sur les réseaux sociaux ?

DOC. Les réseaux sociaux sont-ils un espace public ou privé ?

Nombre de salariés sont actifs sur divers réseaux sociaux (dont Facebook, Twitter, blogs, etc.), lesquels occupent une place importante dans le quotidien. Il est un principe fondamental selon lequel le salarié jouit dans l'entreprise et en dehors de celle-ci d'un droit à sa liberté d'expression.

Ce droit à la liberté d'expression a toutefois des limites dont la jurisprudence nous donne les contours.

L'utilisation des réseaux sociaux peut présenter des risques pour les salariés, notamment lorsque ceux-ci y tiennent des propos de nature à discréditer ou compromettre l'entreprise ou ses supérieurs hiérarchiques. Selon que le réseau social est considéré comme étant un espace public ou privé, les propos échangés ou tenus par le salarié ont un caractère public ou privé. [...] Un examen de la jurisprudence révèle que les réseaux sociaux peuvent, en fonction des paramétrages possibles, constituer soit un espace privé, soit un espace public. Par exemple, il a été jugé que des propos échangés au sein d'un groupe Facebook fermé [et au titre injurieux à l'encontre d'une catégorie de managers] accessible uniquement à des personnes agréées et peu nombreuses, relevaient d'une conversation privée ne justifiant pas un licenciement pour faute grave.

La cour d'appel de Besançon a considéré que le « mur » Facebook est présumé public au motif que « le réseau Facebook a pour objectif affiché de créer entre ses différents membres un maillage relationnel destiné à s'accroître de façon exponentielle par application du principe *les contacts de mes contacts deviennent mes contacts* ». Au cas d'espèce, le salarié avait inscrit sur le mur Facebook de son ancien directeur de magasin, tout juste licencié, des propos insultants relatifs à son employeur. La cour a considéré le licenciement pour cause réelle et sérieuse justifié.

Marie-Laure Arbez-Nicolas, avocate, www.village-justice.com, février 2019.

3 Apprécier le caractère licite d'une grève

1. Quelles sont les conditions pour qu'une grève soit licite ?
2. Expliquez si la grève à la SNCF est licite.
3. Qu'est-ce qu'une grève perlée ? Pourquoi ce terme est-il mal choisi dans ce cas ?
4. Selon vous, pourquoi les syndicats ont-ils préféré proposer 2 jours de grève tous les 5 jours ?

DOC. 1 Tout savoir de la grève à la SNCF

Une grève qui s'annonce très suivie débute à la SNCF lundi 2 avril à 19 heures. Elle s'arrêtera mercredi soir, mais reprendra dès samedi soir à 19 heures. Car les principaux syndicats de l'entreprise ont choisi de faire grève deux jours tous les cinq jours, et ce jusqu'à la fin juin. Ils comptent ainsi faire plier le gouvernement, qui veut réformer l'entreprise publique, notamment pour la préparer à l'ouverture à la concurrence, imposée par les instances européennes. Les cheminots refusent également la réforme de leur statut pour les nouveaux entrants dans l'entreprise, réforme qui devrait intervenir dans un second temps. Ce bras de fer entre les syndicats de cheminots et le gouvernement risque de pénaliser fortement les usagers. Mardi, au premier jour de la mobilisation, près de huit conducteurs sur dix seront en grève, et le trafic sera extrêmement perturbé.

Hugo Cailloux, www.franceinfo.fr., avril 2018.

DOC. 2 Non, le mouvement des cheminots n'est pas une « grève perlée » !

Depuis maintenant un mois, la SNCF traverse un large mouvement social, qui alterne deux jours d'arrêt de travail et trois jours de fonctionnement normal du service. Face au caractère inédit de ce mouvement collectif, nombre de journalistes se sont trouvés contraints de lui trouver un nom à la hauteur des désorganisations qu'il génère. Dans ce contexte, les médias le qualifient largement de « grève perlée ». Mais les mots ont un sens, voyez-vous ? On ne peut pas (on ne devrait pas) les utiliser à tort et à travers. Voici pourquoi le mouvement de grève à la SNCF n'est précisément pas une « grève perlée ». La « grève perlée » est un ralentissement de la cadence visant à désorganiser la production. En l'absence de cessation franche du travail, il ne s'agit pas d'une grève, mais d'un mouvement illicite, selon une jurisprudence constante depuis 1953. La « grève perlée », qui n'est donc pas une grève, ne fait bénéficier son auteur d'aucune protection et justifie un licenciement pour faute grave.

Oréade Knobloch, juriste, www.village-justice.com., mai 2018.

4 Analyser la limite à la liberté vestimentaire des salariés

Théo Goncalvez est maçon dans une entreprise du bâtiment. Avec les fortes chaleurs de l'été, il est venu travailler sur un chantier en short et débardeur. Rapidement, il s'est mis torse nu pour gagner un peu de fraîcheur. Le chef de chantier, constatant cette tenue légère, lui a demandé de rentrer chez lui pour récupérer les vêtements mis à la disposition des salariés par l'entreprise.

1. Quel est le principe en matière vestimentaire pour les salariés ?
2. En quoi le Code du travail autorise-t-il des restrictions ? Quelles en sont les raisons ?
3. Certains salariés doivent porter des vêtements de protection. Pourquoi l'employeur a-t-il l'obligation de les leur fournir et que risque-t-il s'il ne le fait pas ? Expliquez.
4. Comment l'employeur peut-il réglementer le port de certains vêtements au sein de son entreprise ? Que risque le salarié qui ne respecte pas ces règles ?

DOC. 1 Article L4121-1 du Code du travail

L'employeur prend les mesures nécessaires pour assurer la sécurité et protéger la santé physique et mentale des travailleurs. […]

DOC. 2 Tenue vestimentaire : quelle liberté pour le salarié ?

Ai-je le droit d'imposer une tenue vestimentaire ?

La tenue vestimentaire du salarié doit être compatible avec ses fonctions et ses conditions de travail.

Oui, vous pouvez imposer une tenue vestimentaire à vos salariés. Vous avez également la possibilité d'interdire le port de certains vêtements. Toutefois, ces mesures doivent se justifier par la nature des fonctions qu'ils occupent.

Les restrictions apportées à la liberté vestimentaire doivent être justifiées, par l'activité professionnelle, et proportionnées au but recherché (Code du travail, art. L. 1121-1).

Selon la jurisprudence « tenue vestimentaire », le port d'un uniforme de travail ne peut être imposé qu'à des fins commerciales ou pour des raisons de sécurité.

Ainsi, vous pouvez interdire à un salarié en contact avec la clientèle de venir travailler en survêtement ou en bermuda.

Le salarié qui ne respecte pas la tenue imposée peut faire l'objet d'une sanction ou d'un licenciement.

Si vous décidez de licencier le salarié fautif, attention à la rédaction de la lettre de licenciement. Sachez qu'un employeur a été condamné suite à un licenciement qui reposait sur un motif discriminatoire. Dans cette affaire, le salarié, chef de rang dans un grand restaurant, portait des boucles d'oreilles qu'il refusait d'enlever pendant son service. La lettre de licenciement indiquait : « votre statut au service de la clientèle ne nous permettait pas de tolérer le port de boucles d'oreilles sur l'homme que vous êtes ». Pour rappel, aucun salarié ne peut être licencié en raison de son sexe ou de son apparence physique.

Lorsque vous imposez une tenue vestimentaire pour préserver la santé et la sécurité des salariés, vous devez mettre gratuitement à la disposition de chaque salarié des vêtements appropriés.

www.editions-tissot.fr, janvier 2021.

Entraînement au bac

Pas de pouvoir arbitraire pour l'employeur !

Capacités

- Vérifier les principales conditions de validité de la rupture du contrat de travail dans une situation donnée.
- Distinguer les causes de licenciement (motif personnel, motif économique) et en apprécier les conséquences dans le cas du licenciement pour motif personnel.

À l'aide de vos connaissances et des ressources documentaires en annexe, analysez les situations juridiques ci-dessous et répondez aux questions posées.

Situation Il y a quelques jours, l'entreprise Vital a connu une grève, déclenchée par les délégués syndicaux et suivie par les deux tiers du personnel. Le conflit a été motivé par le rejet d'une demande d'augmentation des salaires de 6 %. Après une semaine de grève, l'employeur ayant accordé une revalorisation de 4 % des rémunérations, le travail a repris.

Cependant, cinq salariés – quatre ouvriers et un contremaître, M. Milla – déçus par les résultats du mouvement de revendication, ont décidé de continuer à manifester leur mécontentement en ralentissant volontairement leur rythme de travail de façon très sensible. Après avoir averti ces salariés qu'ils risquaient une sanction, le chef d'entreprise décide de licencier le contremaître. Il lui signifie la rupture de son contrat de travail et le renvoie sans préavis ni indemnité.

La secrétaire du directeur financier de l'entreprise Vital, Mme Benzecri, bien que pleine de bonne volonté, ne parvient pas à assimiler le dernier logiciel installé sur son ordinateur. Elle a pourtant reçu la même formation que ses collègues, qui ne rencontrent aucun problème dans l'utilisation de ce logiciel. Son supérieur hiérarchique a convaincu la direction de la licencier pour faute. L'intéressée, qui a 14 ans d'ancienneté et gagne en moyenne 2 000 € par mois, pense pouvoir contester cette décision.

ANNEXE 1 La grève

La grève est la cessation collective et concertée du travail par tout ou partie des salariés d'une entreprise en vue d'obtenir satisfaction sur des revendications professionnelles. Le droit de grève est garanti par la Constitution. Le fait de faire grève ne peut en aucun cas donner lieu à sanctions.

www.editions-tissot.fr

1. Sachant qu'un ralentissement du rythme de travail ne peut être qualifié de grève, proposez l'argumentation juridique sur laquelle l'employeur pourrait s'appuyer pour licencier le contremaître.
2. Proposez l'argumentation juridique sur laquelle l'employeur pourrait s'appuyer pour licencier la secrétaire.
3. Quelles conséquences cette rupture du contrat de travail aurait-elle en termes d'indemnisation de la salariée ?
4. Quelle règle de droit le cas de Mme Benzecri illustre-t-il ? Quel est le sens de cette règle ?

ANNEXE 2 Le ralentissement des cadences de travail

Si la grève se caractérise par une cessation collective et concertée du travail pour des revendications professionnelles, elle ne saurait se traduire par une exécution fautive du contrat de travail. Ainsi, la grève perlée (ralentissement anormal de la cadence de production) ne constitue pas une grève. Il s'agit plutôt d'une inexécution des obligations du contrat de travail qui autorise l'employeur à mettre en œuvre son pouvoir disciplinaire.

https://lentreprise.lexpress.fr

ANNEXE 3 La faute grave du salarié

Il existe plusieurs types de fautes en droit du travail. La difficulté est de bien saisir les nuances entre les différentes fautes afin de ne pas commettre d'erreurs. La faute la plus couramment invoquée en droit du travail reste la faute grave, qui est une cause réelle et sérieuse de licenciement.

La définition la plus utilisée reste que la faute grave est : « Une faute qui rend impossible la poursuite des relations contractuelles et qui constitue un motif réel et sérieux de licenciement sans préavis ni indemnités, à l'exception des congés payés. »

En effet, la faute grave doit impérativement rendre impossible la poursuite des relations contractuelles et notamment le maintien du salarié dans l'entreprise.

La Cour de cassation le rappelle notamment dans un arrêt [...] du 24 mars 2010 :

« La faute grave [...] résulte d'un fait ou d'un ensemble de faits imputables au salarié qui constitue une violation des obligations du contrat de travail d'une importance telle que le maintien du salarié dans l'entreprise est impossible, même pendant la durée limitée du préavis. »

Parmi les exemples de fautes graves, on retrouve :

- absences, retards et abandon de poste [...] ;
- actes de concurrence, déloyauté [...], critiques, accusations ou dénigrements [...] ;
- destruction de matériel [...] ;
- injures [...], insubordination (le salarié est tenu de respecter le lien de subordination qui le lie à son employeur du fait de son contrat de travail) [...] ;
- vols, violences physiques, violation des règles d'hygiène et de sécurité.

www.l-expert-comptable.com

ANNEXE 4 L'insuffisance professionnelle

Un employeur peut licencier un salarié lorsque celui-ci ne remplit pas ses missions de manière satisfaisante. On distingue le licenciement pour insuffisance professionnelle lié aux compétences de l'employé à exécuter son travail et le licenciement pour insuffisance de résultats relative à l'incapacité de l'employé à atteindre des objectifs préalablement fixés. Dans tous les cas, les griefs invoqués doivent constituer une cause réelle et sérieuse de licenciement et reposer sur des faits justifiables. [...]

À exclure du licenciement pour inaptitude médicale, le licenciement pour insuffisance professionnelle repose exclusivement sur l'incapacité du salarié à effectuer correctement son travail. Cela ne revêt en aucun cas une circonstance disciplinaire, même si une mise à pied à titre conservatoire a lieu.

L'insuffisance professionnelle ne représente jamais un fait fautif et inversement. L'insuffisance professionnelle peut constituer un motif réel et sérieux de licenciement lorsque l'employeur reproche au salarié les griefs suivants : incompétence, inadaptation professionnelle, erreurs, échecs, désorganisation, travail insuffisant ou inutilisable, manque de qualification, malgré l'effort de formation de l'employeur. [...]

Comme l'insuffisance professionnelle ou de résultat ne constitue pas une faute, le salarié a droit aux indemnités prévues en cas de licenciement non disciplinaire pour motif personnel. Il perçoit notamment l'indemnité légale ou conventionnelle de licenciement (article 1234-9 du Code du travail), une éventuelle indemnité de préavis et de congés payés.

https://inspection-du-travail.com

L'entreprise individuelle et la société commerciale

9

Capacités

- Expliquer les principes de l'entreprise individuelle et en apprécier les enjeux.
- Proposer et justifier le choix d'une forme juridique d'entreprise dans une situation donnée.
- Distinguer les conséquences de la forme juridique d'entreprise sur le patrimoine.
- Identifier les éléments fondamentaux du contrat de société.
- Identifier les caractéristiques de la société coopérative.

Vers PIX

D.1.1. - Mener une recherche et une veille d'information

Avant la classe

Vidéo : « Entrepreneur, pourquoi pas vous ? » – Pôle emploi
liennathan.fr/98w8kp

Quelles sont les motivations à l'origine de la création d'une entreprise ?

Situation

En 2020, le nombre total de créations d'entreprises en France atteint un nouveau record avec 848 200 créations, soit 4% de plus qu'en 2019, et ce malgré la crise sanitaire liée à la pandémie de Covid-19. Cette hausse est de nouveau portée par les immatriculations d'entreprises individuelles sous le régime du micro-entrepreneur (+ 9%), tandis que les créations d'entreprises individuelles classiques diminuent (-13%). Les créations de sociétés sont stables.

www.insee.fr, février 2021.

Créations d'entreprises par formes juridiques, 2020

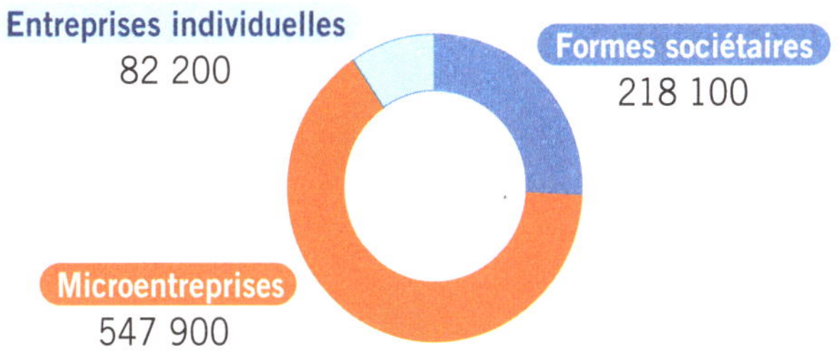

1 Expliquer les principes de l'entreprise individuelle et en apprécier les enjeux

DOC. 1 Les caractéristiques de l'entreprise individuelle

Les entreprises individuelles
(environ **70 %** des entreprises créées)

La simplicité de création de l'entreprise individuelle
Les démarches de création de l'entreprise individuelle sont simples, il suffit de faire une déclaration de début d'activité en ligne. De plus, il n'est pas nécessaire de faire d'assemblée générale, de déposer un bilan annuel ou encore de faire un dépôt de capital social à la banque. De la même façon, il n'existe pas de notion de capital minimum en entreprise individuelle.

www.legalstart.fr

L'entreprise individuelle classique

L'entreprise individuelle classique se définit par son **régime réel** d'impôt sur les bénéfices (calculé à partir du chiffre d'affaires dont on déduit les charges). Son activité est assujettie à la TVA.
Elle fonctionne selon des règles qui s'appliquent à TOUTES les entreprises individuelles : elle est créée par un entrepreneur **seul**, agissant en toute indépendance, qui est soit commerçant, soit artisan, soit agriculteur, soit membre d'une profession libérale.

La microentreprise

Le régime de microentrepreneur est avantageux.
– Il permet à toute personne (un salarié, un étudiant, un demandeur d'emploi, etc.) d'exercer une petite activité professionnelle indépendante (chiffre d'affaires < 72 600 € pour les activités de service, < 176 200 € pour une activité commerciale), sans apport de capital.
– Il concerne un certain nombre d'activités : le commerce de détail, les activités de services, la programmation, etc.
– Le microentrepreneur est libéré des cotisations et contributions sociales et d'impôt sur le revenu par le versement d'un pourcentage de son chiffre d'affaires (23,7 % pour les activités de services, 13,8 % pour une activité commerciale). Son activité est exonérée de TVA jusqu'à certains seuils de chiffre d'affaires.

DOC. 2 Les motivations du créateur d'entreprise

L'INSEE a interrogé plusieurs milliers de dirigeants, toute forme juridique confondue, et liste les principales raisons qui les ont poussés à entreprendre. Ainsi, les principales motivations à créer son entreprise sont :
– la volonté d'être indépendant (61 %) ;
– le goût d'entreprendre, l'envie de relever de nouveaux défis (44 %) ;
– le souhait de gagner plus (27 %) ;
– la nécessité de créer son propre emploi (24 %) […].

www.l-expert-comptable.com

Situation

En 2016, Romain Teillais a fondé Woodiny, une marque d'accessoires originaux pour homme. Il choisit de commencer comme autoentrepreneur (aujourd'hui, microentrepreneur), un régime dont il apprécie les avantages mais qu'il envisage de quitter lorsque son entreprise aura grandi. [...] Consultant en organisation et management le jour dans un grand cabinet conseil, Romain Teillais goûte à l'aventure entrepreneuriale le soir et le week-end.

« L'idée à terme serait de passer à un autre statut pour développer l'entreprise. Je conseille [la microentreprise] pour sa simplicité et sa rapidité mais tout dépend du projet. »

Laëtitia Lienhard, *Les Échos*, 29 novembre 2018.

1 Quels avantages de la microentreprise ont pu convaincre Romain Teillais d'adopter ce statut ? Situation et doc. 1

....

....

....

2 Quelles autres spécificités expliquent le succès de la microentreprise ? Doc. 1

....

....

....

3 À partir de quand le statut de microentreprise n'est-il plus possible ? Doc. 1

....

....

4 Quelles sont les marques de la simplicité de création d'une entreprise individuelle ? Doc. 1

....

....

5 Examinez les principales motivations des créateurs d'entreprise et montrez qu'elles peuvent expliquer le choix du statut de l'entreprise individuelle. Doc. 2

– ....

....

– ....

....

– ....

....

– ....

....

Allez plus loin ! STMG_Droit_Term_Plus_loin_Ch09_partie1.pdf Grand oral

2 Distinguer les conséquences de la forme juridique d'entreprise sur le patrimoine

DOC. 3 L'évolution vers l'atténuation de responsabilité de l'entrepreneur individuel

Sur le plan juridique, l'entreprise individuelle n'a pas de personnalité morale, c'est-à-dire que l'entreprise et l'entrepreneur constituent une seule et même entité juridique. L'entreprise individuelle n'a donc pas de patrimoine distinct de celui de l'entrepreneur. Cette confusion des patrimoines a toujours été un frein à la création de l'entreprise individuelle, car en cas de redressement ou de liquidation judiciaire de l'entreprise, l'entrepreneur a longtemps été responsable sur l'ensemble de son patrimoine, sans limite de montant, des dettes nées de son activité professionnelle. Aussi le législateur a-t-il eu à cœur d'adopter diverses mesures pour limiter les risques patrimoniaux de l'entrepreneur.

– **La préservation des biens immobiliers de l'entrepreneur :** d'une part l'immeuble du domicile de l'entrepreneur échappe de plein droit à ses créanciers professionnels (loi de 2015). D'autre part, la loi autorise l'entrepreneur à rendre insaisissables par ces mêmes créanciers ses autres biens immobiliers non professionnels (terrain, résidence secondaire, etc.), cela par une déclaration d'insaisissabilité effectuée devant un notaire. (Loi de 2008).

– **Le patrimoine d'affectation dans le cadre de l'EIRL (Entreprise individuelle à responsabilité limitée)**, Loi du 15 juin 2010 : en cas d'adoption du statut d'EIRL, l'entrepreneur dresse la liste des biens nécessaires à son entreprise ou affectés à son activité professionnelle et qu'il apporte en garantie à ses créanciers professionnels. En cas de difficultés de paiement, les créanciers de l'EIRL ne pourront pas saisir un bien du patrimoine privé de l'entrepreneur individuel.

Taux d'échec des entreprises : 50 % des entreprises créées disparaissent avant leur sixième année d'existence.

DOC. 4 Le nouveau statut de l'entrepreneur individuel – Loi du 14 février 2022

Un statut unique pour les entrepreneurs individuels, protecteur de leur patrimoine personnel, est créé.
Ce nouveau statut permettra que le patrimoine personnel de l'entrepreneur individuel devienne par défaut insaisissable par les créanciers professionnels [...]. Seuls les éléments nécessaires à l'activité professionnelle de l'entrepreneur pourront à l'avenir être saisis en cas de défaillance professionnelle. La séparation des patrimoines s'effectuera automatiquement, sans démarche administrative ou information des créanciers.
Plusieurs exceptions sont toutefois posées. L'entrepreneur pourra notamment renoncer au bénéfice de cette séparation en faveur d'un créancier professionnel [par exemple un banquier] pour un engagement spécifique, en particulier pour obtenir un crédit bancaire. Les parlementaires ont borné l'usage de cette renonciation. [L'entrepreneur disposera d'un droit de réflexion de 7 jours]
Le statut de l'entrepreneur individuel à responsabilité limitée (EIRL), institué par une loi du 15 juin 2010, cessera progressivement, ses principaux avantages étant repris dans le nouveau statut.

www.vie-publique.fr

DOC. 5 Le choix de la société

Pour dissocier les patrimoines de l'entrepreneur et ceux de l'entreprise individuelle, on peut passer par la création d'une société. Celle-ci est une personne morale, qui a son propre patrimoine, et, dans la plupart des cas, chaque associé ne peut pas perdre plus que la valeur de son apport au capital social.

Situation

Témoignage – « À 41 ans, marié, deux enfants, [je] décide, après deux années de chômage, d'investir toutes les économies du foyer, 220 000 €, dans la création d'un commerce de boulangerie. [...]

Mal m'en a pris, puisque deux ans, jour pour jour, après l'ouverture de mon commerce, je suis dans l'obligation de placer mon entreprise en liquidation judiciaire faute de fréquentation suffisante et de perspective de développement du chiffre d'affaires à moyen terme. [...]

Bilan ? Trois années de ma vie professionnelle perdues : absence totale de revenu, perte de mon apport personnel, poursuites de la banque à hauteur de 180 000 € qui menacent directement mon appartement, et une épée de Damoclès qui pèse sur ma famille pour les années à venir. »

https://franchise-equitable.com

6 En quoi, jusqu'à un passé récent, le statut de l'entrepreneur individuel faisait-il courir des risques importants à son patrimoine ? Situation et doc. 3

....

....

7 Dans quelle mesure la famille de l'entrepreneur individuel peut-elle être impactée par ces risques ? Situation et doc. 3

....

....

8 Quel est le statut de la résidence principale de l'entrepreneur individuel ? Comment se justifie-t-il, selon vous ? Doc. 3

....

....

9 Quelles étaient les formalités liées à la création de l'EIRL qui pouvaient être un frein à l'adoption de ce statut ? Doc. 3

....

....

....

10 En quoi le nouveau statut de l'entrepreneur individuel reprend-il les avantages de l'EIRL sans ses inconvénients ? Doc. 4

....

....

....

11 Précisez l'avantage de la société par rapport à l'entreprise individuelle en ce qui concerne les conséquences sur le patrimoine. Doc. 5

....

....

Allez plus loin ! STMG_Droit_Term_Plus_loin_Ch09_partie2.pdf Vers PIX

3 Identifier les éléments fondamentaux du contrat de société

DOC. 6 Les éléments constitutifs de la société

Selon la loi

Article 1832 du Code civil : La société est instituée par deux ou plusieurs personnes qui conviennent par un contrat d'affecter à une entreprise commune des biens ou leur industrie* en vue de partager le bénéfice ou de profiter de l'économie qui pourra en résulter. Elle peut être instituée, dans les cas prévus par la loi, par l'acte de volonté d'une seule personne. Les associés s'engagent à contribuer aux pertes.

* Industrie : savoir-faire, compétences ou talents particuliers.

Il s'agit des apports faits par chacun des associés.

La loi prévoit la possibilité de sociétés unipersonnelles.

Selon la jurisprudence, toute société comporte un élément psychologique (***affectio societatis***) qui est la volonté des associés de collaborer sans subordination entre eux, et qui se traduit aussi bien par la volonté de partager les bénéfices que par l'acceptation de la participation aux pertes éventuelles.

DOC. 7 Les principales sociétés commerciales

	EURL Entreprise unipersonnelle à responsabilité limitée	**SARL** Société à responsabilité limitée	**SA** Société anonyme	**SAS** Société par actions simplifiée	**SASU** Société par actions simplifiée unipersonnelle
Nombre d'associés	1	De 2 à 100	≥ 2	≥ 2	1
Responsabilité des associés	Limitée aux apports				
Apport minimal	Aucun	Aucun	37 000 €	Aucun	Aucun

DOC. 8 La prise de décision dans la société

La prise de décision par le(s) dirigeant(s)
Les décisions courantes et de gestion

La prise de décision au sein des assemblées d'associés	**SARL**	**SA**	**SAS**
En **assemblée générale ordinaire** (AGO) Nomination ou révocation des dirigeants, approbation des comptes, répartition des bénéfices, etc.	Selon la loi : à la majorité		Selon les modalités prévues par les statuts
En **assemblée générale extraordinaire** (AGE) Modification des statuts (fusion, changement d'objet social, etc.), changement de nationalité de la société	Selon la loi : à la majorité des 2/3		

SOCIÉTÉ DIDON
Société anonyme au capital de 25 000 000 euros
AVIS DE CONVOCATION

Les actionnaires de la société sont convoqués en **Assemblée Générale Ordinaire** le 30 mai 2022 à 9 h 30 au 12 avenue De Gaulle, 92 350 Le Plessis-Robinson, à l'effet de statuer sur l'ordre du jour suivant :
– Approbation des comptes annuels de l'exercice clos le 31 décembre 2021
– Affectation du résultat de l'exercice
– Nomination d'Alexandra MARTIN en qualité d'administrateur
– Approbation des éléments de rémunération versés à M. PERTUIS, Président du directoire.

Situation

Créée en 1979 par Alain Attelann, l'entreprise individuelle éponyme, spécialisée dans le dépannage rapide à domicile dans le domaine de la plomberie, le chauffage et l'électricité, devient en 2010 la SARL Attelann. Les trois frères, Yoni, Keren et Rubens, se sont en effet associés à leur père pour pérenniser et développer l'entreprise désormais familiale. [...] Pour la SARL Attelann, le consensus trouve ses racines dans l'attachement et l'engagement de la fratrie. Rubens Attelann confie : « Pour nous, c'était logique de prendre le relais de notre père et nos parcours personnels nous ont permis de trouver très facilement nos places et rôles respectifs au sein de l'entreprise. »

www.relations-publiques.pro

12 Dans quelle mesure peut-on dire que la forme « normale » de la société est celle de la société pluripersonnelle ? Situation et doc. 6

....

....

13 Qu'est-ce qui montre l'engagement personnel de chaque associé dans l'entreprise ? Doc. 6

....

....

....

14 Quel est, selon vous, le type de société le plus contraignant ? Pourquoi ? Doc. 7

....

....

15 Expliquez la différence entre l'EIRL et l'EURL. Doc. 7 et doc. 5, p. 126

....

....

16 Montrez que les dirigeants des sociétés commerciales n'ont pas tous les pouvoirs. Doc. 8

....

....

....

17 Comment se justifie la différence de majorité exigée par la loi pour les AGO et les AGE ? Doc. 8

....

....

....

Allez plus loin ! STMG_Droit_Term_Plus_loin_Ch09_partie3.pdf Vers PIX

4 Identifier les caractéristiques de la société coopérative

DOC. 9 La SCOP, une vision alternative de l'entreprise ?

Rencontre avec Praxinos

Dans l'univers de l'infographie, la plupart des entreprises adoptent un statut classique. Quelques structures ont toutefois opté pour une approche originale : la SCOP, ou société coopérative et participative. La jeune structure Praxinos [...] a opté pour cette approche peu commune. [...]

Praxinos est une SCOP, autrement dit une société coopérative dont les salariés sont associés. Pourquoi avoir opté pour ce modèle ?

Élodie Moog, gérante et cofondatrice de Praxinos : Il y a de multiples raisons. Nous travaillions dans une autre société organisée en SARL classique où tout se passait bien, jusqu'au jour où des décisions [de la part des associés] n'ont pas plu à la majorité des salariés. Beaucoup sont partis au fur et à mesure. Avec certains de mes anciens collègues, nous avons décidé de fonder notre propre société. Nous nous sommes dit qu'il serait sans doute préférable d'adopter une approche plus démocratique [...].

Et la SCOP répond donc à cette vision ?

Élodie Moog : Oui, c'est exactement le modèle de la SCOP : peu importe le capital investi, une personne = 1 voix. Aucun associé ne peut être majoritaire, tout le monde est forcément minoritaire, ce qui évite les abus.

www.3dvf.com, 29 octobre 2019.

DOC. 10 Loi du 10 septembre 1947 portant statut de la coopération

Article 1 (modifié par la loi du 31 juillet 2014)

La coopérative [...] exerce son activité dans toutes les branches de l'activité humaine et respecte les principes suivants : une adhésion volontaire et ouverte à tous, une gouvernance démocratique, la participation économique de ses membres, la formation desdits membres et la coopération avec les autres coopératives.

[...] Chaque membre coopérateur dénommé, selon le cas, « associé » ou « sociétaire », dispose d'une voix à l'assemblée générale. Les excédents de la coopérative sont prioritairement mis en réserve pour assurer son développement et celui de ses membres [...].

DOC. 11 Le statut juridique de la SCOP

Répartition du capital au sein d'une SCOP – [Les salariés] sont obligatoirement associés majoritaires, possédant au moins 51 % du capital social. Aucun associé ne peut détenir plus de la moitié du capital. [...]

Répartition des droits de vote au sein d'une SCOP – Les salariés détiennent aussi 65 % des droits de vote au conseil d'administration selon le principe 1 salarié = 1 vote, quelle que soit la part du capital qu'il possède.

Dirigeants d'une SCOP – Le directeur et les dirigeants de l'entreprise sont élus par les salariés pour un mandat de 4 à 6 ans selon les cas. Le dirigeant ou gérant est assimilé à un salarié s'il est rémunéré. [...]

Partage des profits au sein d'une SCOP – Le profit de l'entreprise est partagé entre 3 parts :

– une part pour tous les salariés, en complément du salaire, sous forme de participation et d'intéressement (en général, entre 40 % et 45 % et obligatoirement au moins 25 % du bénéfice) ;

– une part pour les salariés associés, sous forme de dividendes (en général, entre 10 % et 15 %, et obligatoirement inférieure à la part « salariés » et la part « réserves ») ;

– une part pour les réserves de l'entreprise (en général, entre 40 % et 45 %, et obligatoirement au moins 15 % du bénéfice). [...]

Les différentes formes de SCOP – Une SCOP [...] peut avoir [la forme] juridique de SA, SAS ou SARL.

Bercy Infos, ministère de l'Économie, 20 février 2020.

Situation

« Nous sommes quatre associées, deux sourdes, deux entendantes. En 2012, nous avons créé notre société de communication [sous la forme d'une SCOP] en langue des signes et aujourd'hui, nous prenons vraiment plaisir à faire ce que nous faisons. Nous sommes fières d'avoir réussi à professionnaliser, en temps de crise, notre métier, qui traditionnellement fait partie du monde associatif, fières d'être quatre femmes entrepreneurs, fières d'avoir choisi le statut coopératif qui nous correspond complètement : valeurs de partage et de démocratie, mutualisation des compétences, approche innovante du métier. »

www.scop-lr.coop

18 En quoi la SCOP fait-elle la synthèse entre le monde associatif et celui de l'entreprise ?
Situation et doc. 9

....

....

....

....

19 Qu'est-ce qui peut amener les créateurs d'une entreprise à choisir le statut de SCOP ?
Situation et doc. 10

....

....

....

20 Montrez que la loi sur les entreprises coopératives prend en compte une éthique coopérative, distincte des valeurs capitalistes traditionnelles. Doc. 10

....

....

....

21 Relevez les avantages de la SCOP pour les salariés. Doc. 9 et 11

....

....

....

....

22 Quel est l'intérêt des règles légales gouvernant la répartition des bénéfices de la SCOP ? Doc. 11

....

....

....

Allez plus loin ! STMG_Droit_Term_Plus_loin_Ch09_partie4.pdf Vers PIX

Applications

1 Testez vos connaissances

Répondez par vrai ou par faux aux propositions suivantes.

1. L'entreprise individuelle se confond avec l'entrepreneur.
   ☐ Vrai ☐ Faux
2. Le statut de l'EIRL est amené à disparaître.
   ☐ Vrai ☐ Faux
3. Seul le patrimoine professionnel de l'entrepreneur individuel peut être saisi par ses créanciers professionnels.
   ☐ Vrai ☐ Faux
4. Une société est obligatoirement composée de plusieurs associés.
   ☐ Vrai ☐ Faux
5. En principe, les apports faits à une société commerciale déterminent la responsabilité encourue par chaque associé.
   ☐ Vrai ☐ Faux
6. Les statuts d'une société pluripersonnelle peuvent réserver la totalité des bénéfices à un seul des associés.
   ☐ Vrai ☐ Faux
7. Le passage de l'entreprise individuelle à la société peut se faire tout en restant seul entrepreneur.
   ☐ Vrai ☐ Faux
8. L'assemblée générale ordinaire d'une société est compétente pour nommer et révoquer les dirigeants.
   ☐ Vrai ☐ Faux
9. Une SCOP ne peut pas redistribuer de bénéfices à ses associés.
   ☐ Vrai ☐ Faux
10. Les salariés d'une SCOP sont les associés majoritaires de cette société.
   ☐ Vrai ☐ Faux

2 Distinguer les conséquences de la forme juridique d'entreprise

★★

1. Dans quelle situation la règle de la limitation de responsabilité aux apports est-elle particulièrement utile pour les associés ?
2. Pourquoi les règles applicables au dirigeant de société sont-elles plus sévères ?
3. Selon vous, pour quelle raison un associé peut-il être amené à se porter caution des actes d'une société ? Quel risque prend-il ?

DOC. La responsabilité limitée au montant des apports : règle et exceptions

Le principe de responsabilité limitée au montant des apports : la responsabilité limitée au montant des apports permet à un associé de ne pas être poursuivi personnellement en cas de procédure collective (« faillite ») affectant la société. Ses biens personnels ne seront pas saisis pour payer les dettes sociales. Dans une telle situation, la responsabilité de l'associé se « limite » à la perte de tous les apports qu'il a effectués [...]. Cette règle, qui protège les associés, constitue un avantage pour les SARL et les sociétés par actions (SA et SAS).
Toutefois, en pratique, la responsabilité limitée au montant des apports ne s'applique pas systématiquement. [...]
Le dirigeant est responsable de ses actes : les dirigeants sont responsables, envers la société ou envers les tiers, des infractions aux dispositions législatives ou réglementaires applicables aux sociétés, des violations des statuts et des fautes commises dans leur gestion. [...]
L'associé qui se porte personnellement caution : lorsqu'un associé se porte personnellement caution (garant du paiement) dans le cadre d'une opération de la société, il accroît significativement sa responsabilité. Par exemple, l'associé qui donne une caution personnelle dans le cadre d'un emprunt sera mis à contribution en cas de défaillance de la société. En plus de perdre ces apports, l'associé qui s'est porté caution doit honorer l'engagement contractuel qu'il a pris.

www.lecoindesentrepreneurs.fr

Le respect de la concurrence

10

Capacité

- Repérer les limites à la liberté de la concurrence par la connaissance de quelques règles de base du droit de la concurrence.

Vers PIX

D.1.1. - Mener une recherche et une veille d'information

Avant la classe

Vidéo : « Déconfinement - Les librairies indépendantes cartonnent »
liennathan.fr/j729ub

Comment peut-on expliquer que l'activité des librairies traditionnelles n'ait pas été affaiblie suite au confinement lié au Covid 19 ?

Situation

Librairies indépendantes : quelles stratégies adopter à l'heure du digital ?

Les librairies traditionnelles connaissent depuis quelques années un déclin, favorisé par l'essor des plateformes numériques et des géants du e-commerce, Amazon en tête. Il est donc évident que, comme de nombreux commerces et secteurs d'activité, les librairies physiques doivent s'adapter en élaborant des stratégies pour se mettre à la page du digital. [...]

La modification de la structure du marché avec l'essor d'acteurs du e-commerce constitue une véritable concurrence à la distribution de livres via un circuit physique : 20 % des ventes se réalisent désormais via Internet (Amazon représente la moitié de ces ventes). [...] Il est à noter que la crise de la Covid-19 a accentué ces difficultés au cours de l'année 2020 où les ventes de livres via les librairies traditionnelles ont fortement chuté.

www.pubosphere.fr, 30 juin 2021
© Media Institute, Quentin Gradel et Axel Casanova.

1 Apprécier la portée de la libre concurrence

DOC. 1 La raison d'être de la libre concurrence

La liberté d'entreprendre et ses effets	
Selon l'article 7 du décret d'Allarde des 2 et 17 mars 1791 : « Il sera libre à toute personne de faire tel négoce ou d'exercer telle profession, art ou métier qu'elle trouve bon. »	Ce principe de droit signifie qu'il est possible à toute personne de créer une entreprise, sans avoir besoin d'une autorisation. Propre à développer le commerce, l'industrie et les activités de service, cette liberté est à l'origine de la multiplication des entreprises, donc du marché de concurrence.
La libre concurrence et ses effets	
La liberté de la concurrence autorise tout commerçant à chercher à attirer vers lui la clientèle de son concurrent, sans pour autant que sa responsabilité soit engagée. Cette liberté stimule l'activité de chaque acteur de la vie économique de manière tout à fait saine. www.juripole.fr	La confrontation concurrentielle permet aux clients de disposer d'une offre élargie et de bénéficier de prix tirés vers le bas par la volonté des professionnels de conquérir de plus grandes parts de marché.

DOC. 2 Les manifestations de la libre concurrence

1. La guerre des prix, en particulier lors de campagnes de promotion

Le Prime Day a beau être terminé, des promotions avantageuses sont toujours présentes sur Amazon pour notre plus grand bonheur.
Cette année encore, cet événement shopping exceptionnel a continué sa nette percée en France. Le Prime Day 2019 était si attendu qu'il a surpassé les chiffres des soldes et du Black Friday réunis !

www.poulpeo.com

2. De la publicité en continu

Le géant du Web, Amazon, l'entreprise d'e-commerce, a lancé une nouvelle campagne afin de promouvoir les fonctionnalités d'Amazon Prime.

http://jai-un-pote-dans-la.com

3. Une offre sans cesse élargie à de nouveaux produits ou services

Amazon Prime, c'est pour tout le monde !

Livraison accélérée : livraison en 1 jour ouvré gratuite (ou 0,01 € par livre) et illimitée en France métropolitaine (hors Corse) et en Belgique avec Amazon Prime sur plus de 2 millions d'articles, livraison gratuite en 2 jours ouvrés sur 3 millions d'articles supplémentaires, livraison le soir même dans les zones éligibles, et accès à la livraison ultrarapide Prime Now.

www.amazon.fr

DOC. 3 Les restrictions à la libre concurrence

Si le principe est à la liberté de la concurrence, le législateur veille à ce que sa mise en œuvre ne nuise pas à la santé, à la moralité, à la sécurité et plus généralement à l'intérêt général. Certaines règles visent à défendre l'**ordre public économique** qui s'exprime en particulier :
– soit au service des plus faibles, en particulier les consommateurs (droit de la consommation) ;
– soit pour poser certaines règles d'organisation du marché de la concurrence : interdiction des ententes entre entreprises faussant la concurrence, réglementation de certains prix (par exemple, les tarifs du gaz et de l'électricité, la limitation à 5 % des réductions de prix pratiquées sur les livres).

Situation

Créer un site e-commerce pour sa librairie peut être une excellente solution pour renforcer sa présence digitale. Il ne s'agit pas ici de remplacer sa librairie par un site Internet, mais plutôt de se servir des ventes en ligne comme support aux ventes physiques. En effet, à défaut de subir la concurrence des géants de la vente en ligne, pourquoi ne pas adopter leurs méthodes en créant sa propre plateforme indépendante ? [...] Deuxième étape indispensable pour renforcer la présence digitale de sa librairie : être présent sur les réseaux sociaux. Cette méthode ouvre de nombreuses possibilités, [...] de communiquer selon une ligne éditoriale prédéfinie, de se créer une identité visuelle, une image de marque, de renforcer sa visibilité...

www.pubosphere.fr, 30 juin 2021.

1 En quoi l'exploitation commerciale d'Internet illustre-t-elle la liberté d'entreprendre ? Doc. 1

....

....

2 Pourquoi est-il nécessaire pour les libraires indépendants d'adapter leurs armes concurrentielles à celles des géants comme Amazon ? Situation et doc. 2

....

....

3 Qui sont, en principe, les bénéficiaires de la libre concurrence ? Justifiez. Doc. 2

....

....

4 Identifiez les armes principales de la « guerre commerciale ». Doc. 2

....

....

Situation

En 2014, les députés font appliquer une loi, rendant impossible la livraison gratuite. Pour la contourner, le géant [Amazon] la facture à 1 centime, contre 6,50 euros en moyenne. Afin de lutter contre la concurrence déloyale d'Amazon, proposant la livraison de livres à 1 centime, une proposition de loi est examinée afin de créer un prix plancher pour la livraison. L'objectif est de permettre aux librairies indépendantes de survivre. [...] La proposition de loi examinée par les députés s'adresse à Amazon, qui contourne les règles.

www.francetvinfo.fr, 7 octobre 2021.

5 Pourquoi les conditions de livraison d'Amazon créent-elles des distorsions de concurrence ? Doc. 3

....

....

6 Justifiez l'existence de règles légales limitant la libre concurrence. Doc. 3

....

....

Allez plus loin ! STMG_Droit_Term_Plus_loin_Ch10_partie1.pdf Vers PIX

2 Identifier la concurrence déloyale et ses suites

DOC. 4 Les fondements de l'action en concurrence déloyale

Les entreprises sont libres de s'affronter, leur objectif étant *a minima* de conserver leur clientèle et, si possible, de conquérir celle des concurrents. Cette logique de la confrontation concurrentielle n'autorise cependant pas à user de moyens malhonnêtes. C'est le sens de l'interdiction de la concurrence déloyale.
Cependant, il n'existe pas de loi réprimant cette concurrence déloyale. Tout commerçant, tout entrepreneur qui s'estime victime de comportements déloyaux peut agir en justice en s'appuyant sur le texte fondateur de la responsabilité civile extracontractuelle, l'article 1240 du Code civil : « Tout fait quelconque de l'homme, qui cause à autrui un dommage, oblige celui par la faute duquel il est arrivé à le réparer. »

LES TROIS ÉLÉMENTS DE LA RESPONSABILITÉ EXTRACONTRACTUELLE

UNE FAUTE

1. L'imitation d'un signe distinctif créant la confusion dans l'esprit de la clientèle : reprise à l'identique ou de façon approchante du nom commercial, de l'enseigne, de la forme d'un produit, d'une marque déposée…
2. Le dénigrement : propos jetant le discrédit sur l'entrepreneur ou sur ses produits, en formulant des appréciations malveillantes.
3. Le parasitisme : reprise d'une idée d'un concurrent pour profiter de son originalité, de son efficacité.
4. La désorganisation de l'entreprise : tout agissement qui entraîne une gêne pour le fonctionnement de l'entreprise concurrente.

↓

UN LIEN DE CAUSALITÉ

Appréciation de ce lien de causalité par les juges du fond.
Exemple type : l'existence d'une situation de concurrence entre les parties.

↓

UN PRÉJUDICE

1. La confusion dans l'esprit de la clientèle.
2. La baisse du chiffre d'affaires.
3. La dégradation de l'image, le trouble commercial.

DOC. 5 Les modalités de l'action en concurrence déloyale

Si vous êtes atteint par un **acte de concurrence déloyale** qui affecte fortement vos affaires, c'est le moment d'intervenir par la voie des tribunaux pour faire entendre votre mécontentement et dénoncer cet abus. […] Il n'existe pas de répression en matière pénale en cas de concurrence déloyale […]. Par conséquent, l'assignation se fait devant le tribunal civil sur le terrain de la responsabilité extracontractuelle.
Concrètement, si le litige oppose deux commerçants, c'est le tribunal de commerce [**tribunal des affaires économiques**, aujourd'hui] qui jugera.

www.captaincontrat.com

DOC. 6 Les suites de l'action en concurrence déloyale

1. TOUJOURS : la cessation des agissements déloyaux ordonnée par le tribunal.	**2. SOUVENT :** des dommages-intérêts pour réparer le dommage subi par la victime.	**3. PARFOIS :** la publication du jugement de condamnation dans la presse.

Situation

C'est un peu l'histoire de David contre Goliath. Une petite librairie indépendante d'Épinal a remporté une bataille contre Amazon après avoir engagé une action en justice contre le géant américain du e-commerce pour concurrence déloyale. Un « casier de livraison » aux couleurs d'Amazon installé en novembre dernier à la gare d'Épinal, à seulement quelques mètres du commerce [et en violation de la réglementation prévue par la SNCF pour l'installation des kiosques ou autres moyens de vente], ne fonctionne plus depuis jeudi 21 février [2019] au soir, rapporte France 3.

Guillaume Poingt, www.lefigaro.fr, 19 février 2019.

7 Quelle différence faut-il faire, selon vous, entre « guerre commerciale » et concurrence déloyale ? Doc. 4

....

....

8 Quel comportement déloyal le libraire d'Épinal reproche-t-il à Amazon ? La concurrence est-elle ici déloyale de façon évidente ? Justifiez. Situation et doc. 4

....

....

....

9 Précisez le type de comportement déloyal que constitue chacun des faits suivants (choisissez le numéro dans la liste du document 4) : Doc. 4

a. L'entreprise Galerie Layette a imité le nom commercial « Galeries Lafayette » et a été condamnée par les juges.	....
b. Un commerçant en parfumerie a adopté l'agencement et l'organisation d'une firme concurrente pour « faire naître la même ambiance ».	....
c. Un industriel a corrompu le salarié d'un concurrent pour qu'il fournisse des renseignements sur la stratégie de son employeur.	....
d. Un concurrent de la société Orange a lancé une campagne de publicité dont le slogan est : « Toujours client Orange ? Comme c'est dommage ! »	....

10 Devant quelle juridiction le libraire d'Épinal a-t-il assigné Amazon ? Doc. 5

....

11 Dans quelle mesure saisir le tribunal pour des faits de concurrence déloyale peut-il suffire à les faire disparaître ? Situation

....

....

12 Quelle sanction le libraire d'Épinal a-t-il demandé à l'encontre d'Amazon ? Doc. 6

....

13 Quelle est la finalité de la publication dans la presse du jugement condamnant une entreprise pour concurrence déloyale ? Doc. 6

....

....

Allez plus loin ! STMG_Droit_Term_Plus_loin_Ch10_partie2.pdf Vers PIX

Applications

1 Testez vos connaissances

Répondez par vrai ou par faux aux propositions suivantes.

1. La libre concurrence se rattache à la liberté du commerce et de l'industrie.
☐ Vrai ☐ Faux
2. Pratiquer des prix inférieurs à ceux des concurrents est licite.
☐ Vrai ☐ Faux
3. S'établir à côté d'un concurrent est illicite.
☐ Vrai ☐ Faux
4. L'action en concurrence déloyale se déroule devant le tribunal correctionnel.
☐ Vrai ☐ Faux
5. Il n'est pas nécessaire de subir un préjudice pour agir en concurrence déloyale.
☐ Vrai ☐ Faux
6. Le parasitisme est une pratique réprimée par le Code pénal.
☐ Vrai ☐ Faux
7. Le dénigrement consiste à dévaloriser un concurrent, son activité ou ses produits.
☐ Vrai ☐ Faux
8. La réparation de la concurrence déloyale est forcément limitée à l'attribution de dommages-intérêts.
☐ Vrai ☐ Faux
9. La concurrence déloyale engage la responsabilité extracontractuelle de l'auteur des faits.
☐ Vrai ☐ Faux

2 Apprécier les effets de la libre concurrence

1. Comment la liberté de concurrencer a-t-elle favorisé le développement de nouvelles formes de distribution au fil du temps ?
2. Relevez les deux évolutions du modèle de commerce contemporain. Qui en profite ?
3. Le droit ne limite-t-il pas parfois la possibilité, pour les magasins, de s'opposer aux armes des distributeurs en ligne ? Justifiez.

DOC. Propos de Jacques Creyssel, président de la Fédération du commerce et de la distribution (FCD)

« Depuis cinquante ans, on ne cesse d'annoncer la mort d'une forme de distribution. L'hypermarché devait tuer le commerce de proximité, les supermarchés allaient sombrer, et maintenant ce sont les hypermarchés qui seraient en voie de disparition. Tout cela s'est révélé faux. Les nouvelles formes de commerce ne font pas disparaître les anciennes.

Le modèle qui se développe conjugue commerce physique et commerce en ligne. Ce qui pousse à une double évolution.

La première tendance, c'est le développement du commerce omnicanal, qui permet de profiter du meilleur de chaque système : la possibilité de commander de chez soi et récupérer son achat en magasin, de commander au bureau et recevoir à domicile, ou de commander dans un magasin et être livré ailleurs.

La deuxième évolution, c'est que, face à des sites qui offrent l'accès à des milliers de produits 24 heures sur 24, les magasins doivent s'adapter. Ils doivent d'abord pouvoir ouvrir plus librement, sur des plages plus grandes. Ils doivent surtout offrir plus de services, par exemple des activités de restauration, de découpe de fruits et légumes, d'impression 3D… »

Mathieu Castagnet, www.la-croix.com, © Bayard Presse.

Les partenariats contractuels

11

Capacités

- Distinguer les différents contrats de partenariats.
- Identifier les obligations des parties dans un contrat de partenariats :
  - le contrat d'entreprise (sous-traitance) ;
  - le contrat de franchise.
- Repérer les limites à la liberté de la concurrence par la connaissance de quelques règles de base du droit de la concurrence.

Vers PIX

D.1.1. - Mener une recherche et une veille d'information

Avant la classe

Vidéo : « Bruxelles rejette la fusion Alstom-Siemens dans le ferroviaire » – France 24
liennathan.fr/2b95sr

- **Quel était l'objet du rapprochement entre Alstom et Siemens ?**
- **Pour quelle raison la Commission européenne n'a-t-elle pas validé le rapprochement envisagé ?**

Situation

La pizza fait partie des plats préférés des Français et représente un véritable classique dans la restauration rapide et traditionnelle. Qu'elle soit servie à table ou à emporter, la pizza est rapide à cuire et à préparer. Ce genre de plat bénéficie en outre d'une très bonne rentabilité et d'une demande importante. Il est conseillé aux entrepreneurs qui souhaitent investir dans une pizzeria d'intégrer un réseau de franchise et de profiter de la visibilité d'une marque reconnue, comme Domino's Pizza.

Contrat de franchise avec Domino's Pizza :

Durée : 10 ans	Droits d'entrée : 25 000 €
Apport personnel : 80 000 €	Redevances : 5,5 % la 1re année

1 Distinguer le partenariat en franchise et en sous-traitance

DOC. 1 Le partenariat

Que l'objectif soit la maîtrise des coûts, l'innovation, le développement de la commercialisation de produits ou de services, ou encore un besoin de flexibilité pour répondre aux demandes de la clientèle, les contrats de partenariats entre entreprises ou entrepreneurs indépendants sont nombreux. Les contrats les plus répandus restent le contrat de franchise et le contrat d'entreprise (dont la sous-traitance est un exemple).

Le **contrat de franchise** est un accord par lequel une entreprise (le franchiseur) accorde à une autre (le franchisé) le droit d'exploiter à ses risques son enseigne et son savoir-faire dans le but de commercialiser des types de produits ou de services déterminés par un concept.

Le **contrat de sous-traitance** consiste pour une entreprise, appelée « donneur d'ordre », à confier à une autre entreprise, appelée « sous-traitant », le soin d'exécuter pour elle une partie des actes de production ou de services dont elle conserve la responsabilité. On parle de **sous-traitance de capacité** lorsqu'elle est utilisée par une entreprise qui n'arrive plus à assurer ses commandes, et de **sous-traitance de spécialité** lorsqu'une entreprise ne possède pas le savoir-faire nécessaire pour assurer ses commandes. Le donneur d'ordre doit s'assurer que le sous-traitant respecte les critères de qualité, sans quoi sa réputation pourrait en être affectée.

DOC. 2 La franchise Domino's Pizza

L'enseigne Domino's Pizza a mis en place la Domino's Academy et un parcours de formation personnalisé [...] Actuellement, 65 % des franchisés Domino's Pizza étaient auparavant des employés au sein du réseau. L'enseigne traduit ce nombre important d'employés reconvertis en franchisés par son attachement à proposer un parcours de formation intégré permettant de monter en compétences.

Selon le réseau, depuis la création de la Domino's Academy, plus de 2 500 collaborateurs auraient été accompagnés, soit un total de près de 30 000 heures de formation.

En 2018, la Domino's Academy a lancé un nouveau programme de formation baptisé « Emerging Leader », spécialement conçu par le Service Formation de Domino's Pizza, en partenariat avec la CCI Hauts-de-Seine et l'ESSYM.

Ce parcours de formation vise à faire monter en compétences les jeunes collaborateurs de l'enseigne qui pourront un jour être aux commandes de leur propre magasin. Le programme est composé de 10 modules.

www.ac-franchise.com.

DOC. 3 La sous-traitance chez Domino's Pizza

Le leader de la pizza [...] s'est doté d'un nouveau siège à Gennevilliers. C'est aussi un site de pâte et une plateforme logistique qui sert plus de 220 points de vente [...].

Mi-décembre, environ 70 000 pâtons déclinés en 3 tailles étaient fabriqués chaque jour, mais la capacité est de l'ordre de 190 000 pièces. [...] L'enjeu logistique est d'assurer leur distribution en flux tendu [...]. « Les flux vers les plateformes sont sous-traités mais 30 % des livraisons aux magasins sont assurées en propre, avec des porteurs de 11 palettes. Il faut bien maîtriser les conditions d'exécution liées aux horaires tardifs ou aux problématiques de température afin d'être plus pertinent dans le choix des partenaires pour le reste des livraisons », indique le responsable des équipes de production et de logistique en France. Ces 70 % sont assurés par des messagers comme Stef ou Chabas, mais d'autres prestataires assurent des tournées en moyens dédiés.

Maxime Rabiller, *Supply Chain Magazine*.

Situation

Avec ses 434 points de vente en France et plus de 23 millions de pizzas vendues en 2020, Domino's Pizza reste l'un des leaders de la vente de pizzas livrées et emportées en France. Cette dynamique de développement s'appuie sur un réseau de franchisés existant et l'entrée de nouveaux entrepreneurs dans le réseau. Malgré la crise sanitaire et la situation économique difficile, Domino's Pizza maintient son objectif d'ouverture d'une trentaine de nouveaux magasins en France sur le second semestre 2021. Néanmoins, à côté de ce solide réseau, Domino's poursuit l'ouverture de magasins en propre qui ne représentent que 10 % des points de vente de l'enseigne.

1 Par quelle stratégie Domino's Pizza s'est-elle développée sur l'ensemble du territoire français ?
Situation

....

2 Pour quelles raisons Domino's Pizza compte-t-elle sur de nouveaux entrepreneurs pour poursuivre son développement ? Situation et doc. 1

....

....

3 Que propose Domino's Pizza à travers sa formation Emerging Leaders ? Doc. 1 et 2

....

4 Quels sont, pour les participants à cette formation, les avantages et les inconvénients d'un changement de statut ? Doc. 1 et 2

....

....

....

5 Quel partenariat contractuel Domino's Pizza a-t-elle mis en place pour la distribution de ses pâtons ? Doc. 3

....

6 Quelles raisons ont conduit à la mise en place de ce partenariat ? Doc. 1 et 3

....

....

7 Quel est l'avantage de ce type de partenariat pour les deux parties ? Quelles en sont les limites ?
Doc. 1 et 3

....

....

....

....

Allez plus loin ! STMG_Droit_Term_Plus_loin_Ch11_partie1.pdf Vers PIX

2 Identifier les obligations des parties dans un contrat de partenariat

DOC. 4 Des obligations différentes

Exemple de contrat de franchise

Le franchiseur :
– Le réseau FAMOUS PIZZA, représenté par son Gérant Paul Duse d'une part, et
Le franchisé :
– Mme Sylvie Toile, d'autre part.
[...]

Article 4 – Les obligations du franchiseur
Le franchiseur est l'initiateur d'un « Réseau de franchise » constitué du franchiseur et des franchisés et dont il a vocation à assurer la pérennité.
Le franchiseur devra :
• Être titulaire des droits sur les signes de ralliement de la clientèle : enseigne, marques et autres signes distinctifs. La marque FAMOUS PIZZA et le logo FAMOUS PIZZA sont juridiquement protégés (dépôt auprès de l'Institut National de la Propriété Industrielle – INPI).
• Apporter au franchisé une formation initiale et lui fournir une assistance commerciale et/ou technique pendant toute la durée du contrat.

Article 5 – Les obligations du franchisé
Le franchisé devra :
• Consacrer ses meilleurs efforts au développement du réseau de franchise et au maintien de son identité commune et de sa réputation.
• Fournir au franchiseur les données opérationnelles vérifiables afin de faciliter la détermination des performances et les états financiers requis pour la direction d'une gestion efficace.
• Ne pas divulguer à des tiers le savoir-faire fourni par le franchiseur, ni pendant ni après la fin du contrat.
• Respecter une zone de chalandise raisonnable et ne pas se retrouver en situation de concurrence avec un confrère du réseau.

Article 6 – Les conditions financières pour le franchisé
• Les droits d'entrée du franchisé sont fixés à 20 000 euros.
• Une redevance de 6 % sur le chiffre d'affaires sera versée annuellement.

Exemple de contrat de sous-traitance

Entre
La société FAMOUS PIZZA, représentée par son Gérant Paul Duse,
Et la SARL TRUCCO, représentée par son Gérant Pierre Truc, ci-après dénommé « le sous-traitant »,
il a été convenu ce qui suit :

Article 1er – Objet du contrat et champ d'application
Le présent contrat a pour objet de définir les conditions dans lesquelles la société FAMOUS PIZZA confie, de façon régulière et significative, la réalisation de la totalité ou d'une partie du déplacement de la marchandise, au sous-traitant. L'opération s'effectue moyennant un prix librement convenu devant assurer au sous-traitant une juste rémunération du service ainsi rendu. [...]

Article 4 – Organisation du service
Le contrat précise, à titre indicatif, les caractéristiques des prestations que la société FAMOUS PIZZA envisage de confier au sous-traitant. Elle s'engage à lui payer le prix librement négocié dans les délais et conditions convenus au contrat. [...]

Article 5 – Droits et obligations du sous-traitant
Le sous-traitant accomplit personnellement le transport. [...]

Article 9 – Obligations de loyauté, de non-démarchage et de confidentialité
Chaque partie est tenue à une obligation générale de loyauté. [...]

Article 12 – Facturation
Le transporteur sous-traitant établit mensuellement une facture récapitulative et l'adresse à l'opérateur de transport dès que possible. [...]

Article 13 – Modalités de paiement
Le paiement du prix de transport ainsi qu'éventuellement celui des prestations annexes rendues sont exigibles sur présentation de la facture. [...]

Situation

À la fin du mois d'octobre 2019, le tribunal de Rennes a tranché une affaire opposant le réseau de franchise Domino's Pizza au ministère de l'Économie et des Finances. Dans sa décision, le tribunal a estimé que certaines clauses contenaient des « déséquilibres » potentiels, susceptibles de générer une « soumission » des franchisés. Domino's Pizza est donc contraint de revoir deux de ses clauses ainsi que ses pratiques de fixation des prix de vente. Le tribunal constate « qu'il ressort clairement qu'ils [les franchisés] se heurtent à de nombreuses difficultés (techniques) quand ils souhaitent changer les prix recommandés par la tête de réseau », en raison d'un logiciel de caisse difficile à utiliser. « Il n'y a pas soumission, mais tentative de soumission, car il est difficile de changer les prix en pratique, en raison d'une défaillance sciemment menée », explique Clémence Casanova [avocate]. Le tribunal a ainsi ordonné à Domino's Pizza France de « permettre au franchisé de pratiquer ses propres prix au moyen d'un outil informatique adapté ».

Fabien Soyez, www.officieldelafranchise.fr, novembre 2019.

8 Quels sont les reproches formulés par le tribunal à l'encontre de Domino's Pizza ? ▶ Situation

....

....

9 En quoi l'attitude de Domino's Pizza vis-à-vis du franchisé est-elle répréhensible ? ▶ Situation

....

....

10 Repérez les obligations : ▶ Doc. 4

a. du franchiseur : ....

....

b. du franchisé : ....

....

11 Repérez les obligations : ▶ Doc. 4

a. du donneur d'ordre : ....

....

b. du sous-traitant : ....

....

12 Comment se justifient les différentes obligations de loyauté du franchisé ? ▶ Doc. 4

....

....

13 Le contrat de sous-traitance est-il ici de capacité ou de spécialité ? Justifiez. ▶ Doc. 4 et doc. 1, p. 144

....

....

Allez plus loin ! STMG_Droit_Term_Plus_loin_Ch11_partie2.pdf Grand oral

3 Repérer les limites à la liberté de la concurrence

DOC. 5 Les autorités de contrôle

Pour que la concurrence existe, les entreprises doivent être indépendantes dans leur prise de décision. C'est pourquoi, si les partenariats contractuels sont licites lorsqu'ils conduisent à un progrès économique, ils ne peuvent avoir pour effet de fausser le jeu de la concurrence au détriment du consommateur. Ainsi, les pratiques des entreprises consistant à se coordonner en matière de fixation des prix ou des quantités sont qualifiées de **pratiques anticoncurrentielles**. C'est le cas des **ententes illicites** ou des **abus de position dominante** qui consistent, pour une entreprise, à user de sa situation de pouvoir sur un marché pour conserver ou renforcer sa position sur ce marché et restreindre le jeu de la concurrence. Ces comportements sont sanctionnés par l'Autorité de la concurrence quand les pratiques illicites concernent le marché national, et par la Commission européenne pour les pratiques ayant une incidence sur le marché européen.

DOC. 6 Les fabricants de sandwichs sanctionnés par l'Autorité de la concurrence

L'Autorité de la concurrence vient de sanctionner pour entente les trois principaux fabricants français de sandwichs industriels vendus sous marque de distributeur pour les enseignes de la grande distribution. [...] Dans les faits, on reproche à ces trois sociétés d'avoir « élaboré et mis en œuvre, entre septembre 2010 et septembre 2016, un plan visant à se répartir les volumes et les clients et à s'accorder sur les prix ». [...] Les enseignes de grandes surfaces alimentaires (Carrefour, Casino, Leclerc, Lidl, Système U...), de même que les stations-service, recourent généralement à des procédures d'appels d'offres pour s'approvisionner en sandwichs industriels. C'est pour répondre à ces appels d'offres que les trois industriels avaient mis en place un système de concertation occulte leur permettant de fausser la concurrence.

www.actu.fr, 25 mars 2021.

DOC. 7 Un géant du Web abuse de sa position sur le marché

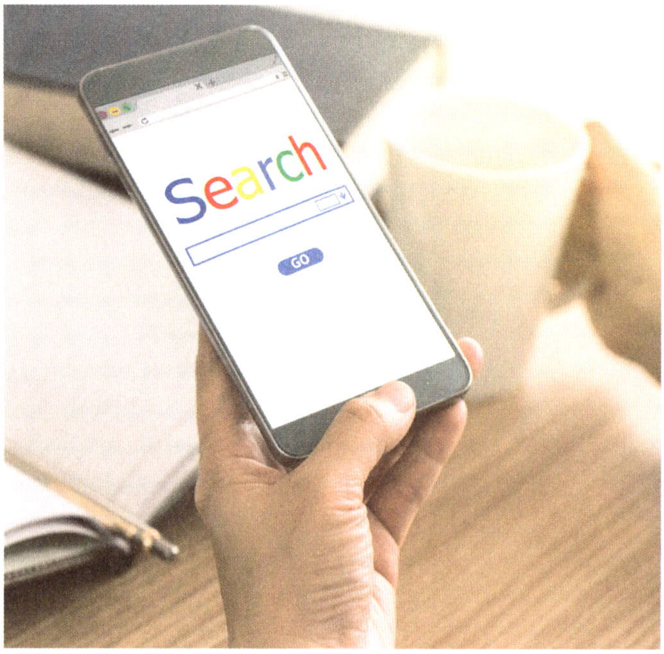

Par une décision du 7 juin 2021, Google a été sanctionnée pour abus de position dominante sur le marché des serveurs publicitaires pour éditeurs de sites web et d'applications mobiles par l'Autorité de la concurrence française, laquelle a prononcé une sanction de 220 millions d'euros. Par trois décisions antérieures, la Commission européenne avait déjà condamné Google pour abus de position dominante pour un total de 8 milliards d'euros, en lui reprochant de mettre en avant ses propres services au détriment de ceux offerts par des entreprises concurrentes par différentes pratiques jugées contraires au droit de la concurrence [...]. L'Autorité de la concurrence a constaté que Google a mis en place deux pratiques distinctes par lesquelles son serveur publicitaire DFP a avantagé sa plateforme de mise en vente d'espaces publicitaires SSP AdX, et réciproquement, le tout au détriment des concurrents et des éditeurs de sites et d'applications mobiles.

www.wan-avocats.com, 26 juin 2021.

Situation

La Commission européenne a infligé jeudi une amende de 502 millions d'euros au constructeur automobile allemand Volkswagen et de 373 millions à BMW pour avoir restreint la concurrence dans les systèmes d'épuration de gaz d'échappement de voitures diesel. L'autre grand constructeur germanique Daimler, qui avait participé à cette entente mais en avait révélé l'existence, n'a pas été sanctionné. En choisissant de dévoiler l'affaire, Daimler a bénéficié d'une immunité totale, évitant ainsi une amende d'environ 727 millions d'euros.

Ces trois groupes ont « enfreint les règles de l'UE relatives aux pratiques anticoncurrentielles en se concertant sur le développement technique dans le domaine de l'épuration des émissions d'oxyde d'azote », explique la Commission dans un communiqué.

www.leparisien.fr, 8 juillet 2021.

14 Pour quelles raisons Volkswagen et BMW ont-ils été sanctionnés par la Commission européenne ? Situation et doc. 1

....

....

15 Quel comportement leur est-il reproché ? Doc. 5 et 6

....

....

....

16 En quoi ce comportement portait-il atteinte au « libre jeu du marché » ? Doc. 5 et 6

....

....

....

17 En quoi les pratiques de ces constructeurs automobiles, sanctionnées par la Commission européenne, sont-elles constitutives de pratiques anticoncurrentielles ? Doc. 7

....

....

....

18 Pourquoi est-ce la Commission européenne qui intervient dans cette affaire ? Doc. 7

....

....

19 En quoi la sanction des ententes illicites et des abus de position dominante préserve-t-elle la concurrence sur le marché ? Doc. 5 à 7

....

....

....

Allez plus loin ! STMG_Droit_Term_Plus_loin_Ch11_partie3.pdf Vers PIX

Applications

1 Testez vos connaissances

Répondez par vrai ou par faux aux propositions suivantes.

1. Le franchiseur doit mettre son savoir-faire à la disposition du franchisé.
   ☐ Vrai ☐ Faux
2. Un contrat de franchise peut être établi entre une entreprise et l'un de ses salariés.
   ☐ Vrai ☐ Faux
3. Le donneur d'ordre doit exécuter les actes de production ou de services convenus dans le contrat de sous-traitance.
   ☐ Vrai ☐ Faux
4. Un rapprochement entre entreprises est toujours illicite.
   ☐ Vrai ☐ Faux
5. Une entreprise leader peut imposer ses choix sur son marché.
   ☐ Vrai ☐ Faux
6. L'objectif des autorités est de préserver la pérennité des entreprises sur le marché.
   ☐ Vrai ☐ Faux

2 Identifier les caractéristiques d'un contrat de franchise

★

Étant une activité non réglementée, l'entrepreneur en nettoyage est libre de suivre une formation ou d'entreprendre sans diplôme particulier. Cependant, ce métier demande beaucoup de savoir-faire, notamment en gestion d'entreprise. [...] Bien qu'il appartienne à un réseau de franchises, le franchisé est tout de même propriétaire de son entreprise. Il est donc juridiquement indépendant. En payant des droits d'entrée ainsi qu'une redevance, le franchisé profite en contrepartie d'un accompagnement continu et sur mesure pour le développement de l'entreprise. De son côté, il doit respecter l'image de marque du franchiseur, son concept et les contraintes qu'il imposera. Le franchisé bénéficie d'autre part de l'image de marque et de la réputation de l'enseigne, engendrant en général une meilleure rentabilité et un développement plus sécurisé en comparaison avec un projet en indépendant. De même, tout un système de gestion commerciale conçu et expérimenté par le franchiseur est mis à sa disposition.

www.observatoiredelafranchise.fr

1. Rappelez ce qu'est une franchise.
2. Expliquez pourquoi un franchisé ne doit pas être confondu avec un salarié du franchiseur.
3. Quels sont les avantages pour un entrepreneur de travailler sous franchise ?

3 Identifier les obligations des parties dans un contrat de sous-traitance

★★

Si le sous-traitant se révèle être un élément stratégique du développement de l'entreprise, mieux vaut être prudent pour trouver le partenaire idéal. En effet, pour lutter contre la fraude fiscale et le travail dissimulé, la loi pose le principe de coresponsabilité de l'entreprise donneur d'ordre et de son sous-traitant. Ainsi, l'attestation de vigilance, obligatoire dans les contrats de sous-traitance supérieurs à 5 000 €, doit être demandée par le donneur d'ordre à son cocontractant, qui se charge de l'obtenir auprès des services de l'Urssaf. Ce document atteste du fait que l'exécutant est à jour de ses obligations au regard de l'Urssaf. Le fait pour le donneur d'ordre de ne pas le réclamer l'expose à des sanctions pécuniaires.

www.l-expert-comptable.com, 15 octobre 2021.

Fiche méthode

5 Indiquer la ou les solutions juridiques possibles et rédiger la réponse

Appliquer les règles pour dégager la solution juridique

Appliquer les règles consiste à les utiliser, c'est-à-dire faire précisément correspondre les règles générales que vous avez identifiées avec le cas particulier de la situation. Il faut comprendre les éléments de droit des documents et vérifier leur adéquation à la situation concrète. Ce rapprochement va construire une argumentation juridique qui doit conclure sur une réponse, soit négative (les conditions du licenciement ne justifient pas sa remise en cause par le salarié), soit positive (la preuve de la faute grave n'étant pas rapportée, le salarié obtiendra des indemnités pour licenciement sans cause réelle et sérieuse), soit même alternative s'il manque un élément indispensable pour trancher (le sort de l'action en justice du salarié est lié à l'obligation pour l'employeur de rapporter la preuve de la faute grave).

EXEMPLE :

Documents de référence	Cas particulier
Peut-on dire que le licenciement d'un salarié pour usage excessif de l'ordinateur professionnel est possible ?	
Selon le Code du travail – Article L.1232-1 Tout licenciement pour motif personnel est motivé dans les conditions définies par le présent chapitre. Il est justifié par une cause réelle et sérieuse.	L'employeur, M. Pinaud, met en avant une cause sérieuse de licenciement : l'usage excessif de l'ordinateur interdit pas le règlement intérieur de l'entreprise. Si ce motif de licenciement a également une cause réelle, Olivier peut difficilement contester le licenciement.
Peut-on dire que l'utilisation de l'ordinateur professionnel à des fins personnelles peut réellement constituer une faute grave ?	
Selon la doctrine Les salariés utilisent pour eux-mêmes les outils informatiques mis à leur disposition pour l'exercice de leurs fonctions. L'employeur peut fixer des limites à cette utilisation à titre personnel et exercer un contrôle. En cas d'utilisation abusive de l'ordinateur auquel ils ont accès dans le cadre de leur activité, les salariés peuvent être sanctionnés, du simple avertissement au licenciement pour faute.	L'interdiction qui serait faite aux salariés de tout usage personnel de l'ordinateur mis à leur disposition ne serait pas conforme au droit. Mais on admet que cet usage soit limité (par exemple, au temps des pauses). Dans ce cas, la violation de cette règle, comme Olivier en est accusé, peut être qualifiée de faute grave et donc justifier que M. Pinaud le licencie.
Peut-on dire que le licenciement pour faute grave d'Olivier est fondé ?	
Selon la jurisprudence Il revient à l'employeur de prouver la faute grave qu'il invoque (Cass. soc., 20 juill. 1989 ; Cass. soc., 22 févr. 1996). […] Au vu des éléments fournis, les juges peuvent apprécier si le comportement du salarié justifiait son licenciement, s'il constituait ou non une faute grave (Cass. soc., 8 janv. 1998) ; mais ils peuvent aussi constater que les faits reprochés ne constituent ni une faute grave ni une cause réelle et sérieuse de rupture (Cass. soc., 13 janv. 1998 ; Cass. soc., 19 nov. 2008 ; Cass. soc., 3 déc. 2008).	Le rapprochement de la jurisprudence et de la situation d'Olivier permet d'apporter une réponse au problème juridique. M. Pinaud détient sans doute les preuves de l'utilisation abusive de l'ordinateur professionnel par Olivier. Or, la faute grave est bien constituée dans ce type de situation.

▶ **Conclusion :** L'abus par le salarié du droit de se servir du matériel informatique peut justifier un licenciement pour faute grave. Le salarié ne pourrait pas obtenir de dommages-intérêts du conseil de prud'hommes, dès lors que les faits qui lui sont reprochés sont prouvés par son employeur.

Rédiger la réponse

La solution doit découler d'un raisonnement. L'utilisation de termes de liaison tels que « or, mais, donc, par conséquent, il en résulte » est un soutien nécessaire à l'énoncé de la solution.

Votre réponse devra comporter plusieurs parties :

1. le résumé des faits à l'origine du problème ;
2. la présentation des éléments de droit applicables ;
3. la mise en correspondance du droit avec les faits ;
4. la déduction de la solution.

Fiche méthode

6 Exploiter les documents juridiques : le contrat

La situation juridique du sujet d'examen peut impliquer d'analyser une relation contractuelle et proposer un ou des extraits de contrats en annexe. La qualification du contrat et l'identification de ses éléments clés pourront vous aider à qualifier juridiquement la situation, à formuler le problème de droit et/ou à indiquer la solution juridique possible.

Qualifier le contrat

Cela consiste à rattacher le contrat à une catégorie de contrats (contrat de location, contrat de vente, contrat de travail, etc.), voire à une sous-catégorie (bail commercial, contrat de vente à distance, contrat de travail temporaire, etc.). Cette qualification, souvent facilitée par le titre du contrat – s'il est écrit –, est indispensable pour déterminer le régime juridique du contrat, c'est-à-dire les règles de droit spécifiques au contrat analysé.

Identifier les éléments clés du contrat

Il s'agit de repérer les parties au contrat, leur qualité en droit (salarié, employeur, etc.) et l'objet du contrat (contrat de travail, CDI, etc.).

QUALIFICATION DU CONTRAT

Contrat de travail à durée indéterminée

ÉLÉMENTS DU CONTRAT
Les parties,
l'objet du contrat

Entre les soussignés :
M. PINAUD, entrepreneur individuel, immatriculé au Registre du commerce et des sociétés sous le numéro 854 456 982 RCS Nice, 4 bd Clemenceau à Nice (06 000),
Ci-après dénommé l'employeur, d'une part,
Et
M. Olivier X…, de nationalité française, demeurant 6 rue Passy à Nice (06 000),
Ci-après dénommé le salarié, d'autre part,
Il a été arrêté et convenu ce qui suit :

Article 1. Objet du contrat – Engagement
Le salarié est engagé en qualité de comptable à compter du 1er octobre 2020. Le présent contrat est conclu pour une durée indéterminée.

CLAUSES GÉNÉRALES
Cette partie précise les obligations des différentes parties :
– les obligations du salarié
– les obligations de l'employeur

Article 2. Fonctions et attributions
Le salarié est engagé en qualité de comptable et exercera les fonctions d'adjoint au chef comptable.

Article 3. Période d'essai
Il est convenu entre les parties au contrat de travail une période d'essai de 2 mois, au cours de laquelle chacune des parties pourra rompre le contrat sans indemnité et sans avoir à motiver sa décision.

Article 4. Lieu du contrat
Le salarié exercera ses fonctions au siège social de l'entreprise, situé à Nice.

Article 5. Rémunération
En contrepartie de son activité, le salarié percevra une rémunération mensuelle brute de 2 600 euros pour une durée hebdomadaire de travail de 35 heures.

Article 7. Congés payés
Le salarié bénéficiera des congés payés calculés selon les règles appliquées aux autres salariés de la société, soit actuellement sur la base de 30 jours par an.

CLAUSES PARTICULIÈRES
Ex. : clause de mobilité, clause de non-concurrence, clause de réserve de propriété.

Article 8. Clause de mobilité
Selon les besoins de l'entreprise, le salarié accepte d'avance une éventuelle mutation vers le second établissement de l'entreprise Pinaud, situé à Aix-en-Provence (13 080).

SIGNATURE DU CONTRAT
À la fin du contrat, on trouve le lieu, la date et les signatures des parties.

Fait à Nice (06 000), le 30 septembre 2020, en deux originaux.

Signature de l'employeur — Signature du salarié

Fiche méthode

7 Exploiter les documents juridiques : comprendre la décision de justice

Situer la décision de justice dans les étapes d'un procès

La décision peut être une réponse à d'autres décisions antérieures. Il faut repérer de quelle juridiction elle émane, et donc à quelle étape du procès on se situe.

EXEMPLE :

Un salarié a été licencié à la suite de l'utilisation intempestive – selon son employeur – de l'outil informatique mis à sa disposition. Il conteste cette cause de licenciement.

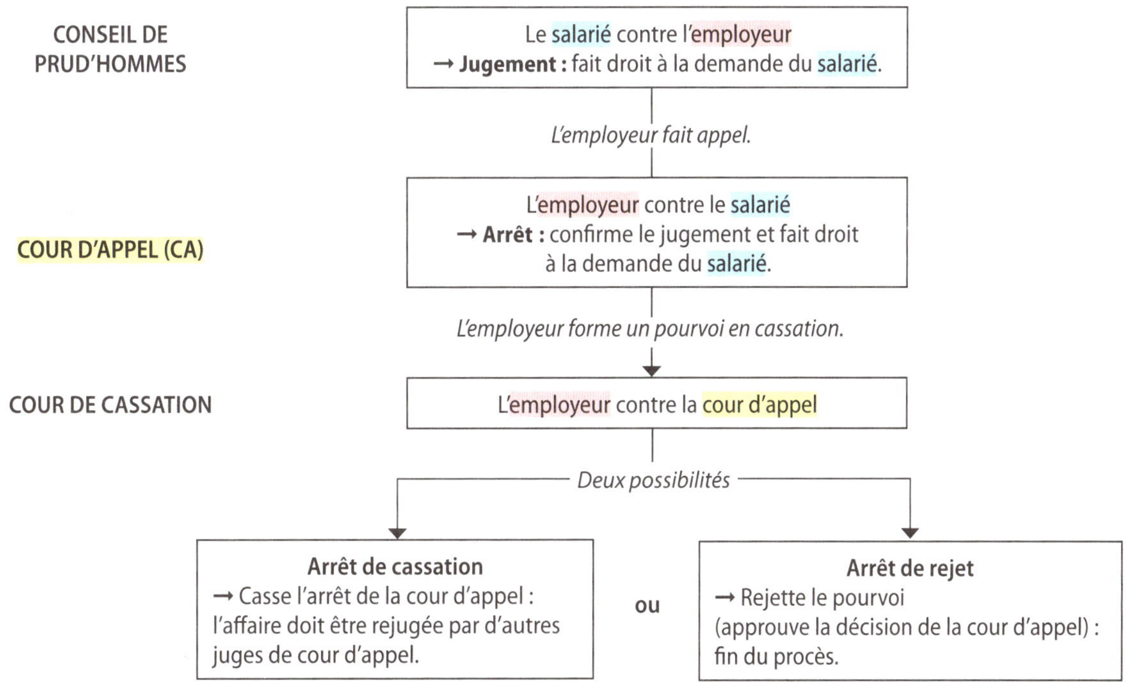

Identifier la décision de la Cour de cassation dans un arrêt

Les arrêts de la Cour de cassation sont composés de plusieurs paragraphes, comportant chacun une information distincte, et retraçant l'historique de l'affaire. La structure des arrêts varie selon qu'il s'agit d'un **arrêt de cassation** ou d'un **arrêt de rejet**.

ARRÊT DE CASSATION	ARRÊT DE REJET
Énoncé de la règle de droit *Vu…*	
Exposé des faits *Attendu…* → Faits *Attendu que…* → Raisonnement de la CA	**Exposé des faits** *Attendu…* → Faits *Attendu que…* → Raisonnement du pourvoi
Argumentation de la Cour de cassation *Qu'en statuant ainsi, qu'en se déterminant…*	**Argumentation de la Cour de cassation** *Mais attendu que…*
Solution de la Cour de cassation *CASSE ET ANNULE…*	**Solution de la Cour de cassation** *REJETTE…*

Identifier les éléments clés d'un arrêt de cassation : prendre en compte la réforme de la rédaction des décisions de la Cour de cassation

La Cour de cassation a adopté, depuis fin 2019, de nouvelles normes de rédaction de ses décisions. Le style est direct, sans « attendu » ni phrase unique, les paragraphes sont numérotés et les grandes parties de l'arrêt clairement identifiées :

1. Faits et procédure ;

2. Examen du ou des moyens (c'est la critique de la décision attaquée par le pourvoi) ;

3. Dispositif de l'arrêt (ce que décide la Cour de cassation). [...]

Par ailleurs, les arrêts les plus importants (revirements de jurisprudence, solutions de droit nouvelles, unification de la jurisprudence, mise en cause de droits fondamentaux...) exposent plus systématiquement une motivation développée afin, entre autres, de mettre en évidence la méthode d'interprétation des textes pertinents retenue par la Cour, d'évoquer les solutions alternatives écartées – lorsque celles-ci ont été sérieusement discutées –, de citer les « précédents » pour donner plus de lisibilité aux évolutions de la jurisprudence, etc.

(Pour plus de renseignements, vous pouvez consulter le site www.courdecassation.fr.)

Les arrêts soumis à l'analyse pourront donc revêtir la forme « traditionnelle », dès lors qu'ils sont antérieurs à 2020, ou être rédigés selon la forme nouvelle. On peut illustrer cette alternative :

	Rédaction ancienne
	COUR DE CASSATION **Arrêt du 25 septembre 2013**
Exposé des faits	Attendu, selon l'arrêt attaqué, que M. J... a été engagé, à compter du 1er juin 1998, par la société [...] Allianz, en qualité de responsable des achats informatiques et télécoms, selon un contrat de travail à durée indéterminée ; qu'il a été convoqué le 30 avril 2008 à un entretien préalable à un éventuel licenciement et a reçu notification de son licenciement pour cause réelle et sérieuse le 13 juin 2008 ; [...] Vu les articles L. 1132-1 et L. 1132-4 du Code du travail ;
Moyens et critique du raisonnement de la cour d'appel	Attendu que, pour rejeter la demande de nullité du licenciement pour discrimination fondée sur l'âge, l'arrêt retient que le courrier du salarié adressé le 15 mars 2008 au directeur des ressources humaines, suite à son rendez-vous d'entretien d'appréciation avec son supérieur hiérarchique en date du 12 mars, au terme duquel il relate que ce dernier aurait « évoqué son âge (57 ans en mai) » et lui aurait fait remarquer qu'il était « un gros salaire », ne peut constituer un élément de fait laissant supposer l'existence d'une discrimination à raison de son âge, au regard du contexte dans lequel cette phrase aurait été prononcée, un entretien d'évaluation au cours duquel sont évoquées de façon générale la carrière du salarié et ses perspectives d'évolution, observation devant être faite de plus que ces propos, rapportés par l'intéressé, ne sont corroborés par aucune autre pièce [...] ;
Argumentation de la Cour de cassation	Qu'en statuant ainsi, alors qu'elle constatait que les motifs du licenciement pour cause réelle et sérieuse n'étaient pas établis, que la mise en œuvre de la procédure de licenciement avait eu lieu peu de temps après l'envoi par le salarié de lettres à sa direction se plaignant de la discrimination à raison de son âge dont il estimait être la victime et que le contenu de ces lettres n'avait pas été contesté par l'employeur, ce dont il résultait que le salarié présentait des éléments de fait laissant supposer l'existence d'une discrimination et qu'il incombait à l'employeur, au vu de ces éléments, de prouver que sa décision était justifiée par des éléments objectifs étrangers à toute discrimination, la cour d'appel, qui n'a pas tiré les conséquences légales de ses constatations, a violé les textes susvisés ;
Solution de la Cour de cassation	PAR CES MOTIFS : CASSE ET ANNULE [...]

Rédaction nouvelle

COUR DE CASSATION
Arrêt du 22 janvier 2020

Faits et procédure

1. Selon l'arrêt attaqué (Colmar, 12 juin 2018), M. E..., engagé par la Société générale (la société) en 1998, a été licencié le 1er juillet 2015. Il a saisi la juridiction prud'homale en invoquant notamment la nullité de son licenciement pour violation de son statut protecteur [un salarié représentant du personnel ne peut pas être licencié sans l'autorisation de l'Inspection du travail] et en demandant diverses indemnités.

Examen des moyens

Sur le premier moyen

Énoncé du moyen

2. L'employeur fait grief à l'arrêt de dire que le salarié bénéficie du statut protecteur et de prononcer en conséquence la nullité de son licenciement, alors :

« 1°/ que les institutions représentatives créées par voie conventionnelle doivent, pour ouvrir à leurs membres le bénéfice de la procédure spéciale protectrice prévue en faveur des représentants du personnel et des syndicats, être de même nature que celles prévues par le Code du travail [...] ;

2°/ que la cour d'appel [...] a violé les articles L. 1235-3 et L. 2411-1, et L. 2411-3 du Code du travail ; [...]

Réponse de la Cour

Vu l'article L. 2411-1 du Code du travail, dans sa rédaction alors applicable, ensemble l'article L. 2234-3 du Code du travail ;

3. Les institutions représentatives du personnel créées par voie conventionnelle doivent, pour ouvrir à leurs membres le bénéfice de la procédure spéciale protectrice prévue en faveur des représentants du personnel et des syndicats, être de même nature que celles prévues par le Code du travail ; tel n'est pas le cas des commissions internes à une entreprise [...].

4. Pour reconnaître au salarié le bénéfice du statut protecteur, la cour d'appel [...] a violé, par fausse application, les articles précités.

PAR CES MOTIFS, et sans qu'il y ait lieu de statuer sur le second moyen [...], la Cour :

CASSE ET ANNULE [...] l'arrêt rendu le 12 juin 2018 par la cour d'appel de Colmar.

Rappel des faits et de la procédure

Examen des moyens

Dispositif de la Cour de cassation (argumentation et solution)

Fiche méthode

8 Expliciter une règle de droit, et éventuellement son évolution

Comprendre la consigne

Expliciter une règle de droit, c'est montrer qu'au-delà du sens de la règle énoncée, on est capable de la justifier dans son contexte économique et social.

Ce contexte est déterminé par les circonstances et l'environnement dans lesquels le droit s'applique. Ce cadre ou ces circonstances sont facilement identifiés par les faits que l'on a qualifiés pour dégager le problème juridique.

EXEMPLE :

1. La règle juridique identifiée : l'abus par le salarié du droit de se servir du matériel informatique peut justifier un licenciement pour faute grave, dès lors que les faits qui lui sont reprochés sont prouvés par son employeur.

2. Le contexte économique et social :
– le développement d'Internet dans l'entreprise ;
– son usage courant par le salarié.

Dégager la finalité de la règle de droit

Il s'agit de faire ressortir en quoi la solution au problème de droit est justifiée. La justification de la règle exige de prendre du recul par rapport au cas étudié et passe toujours par une expression en termes généraux. On l'exprimera par une formule du type : « éviter que… », « empêcher que… », « favoriser… », « préconiser… », etc.

EXEMPLE :

La règle de droit	Sa finalité
1. C'est à l'employeur d'apporter la preuve de la faute grave du salarié.	Empêcher un licenciement arbitraire et limiter la rupture du contrat de travail sans indemnité ni préavis à des cas incontestables.
2. L'abus dans l'utilisation du matériel informatique professionnel peut être sanctionné par un licenciement pour faute grave.	Éviter que certaines pratiques des salariés – admissibles lorsqu'elles sont limitées – ne dégénèrent au détriment de la productivité ou simplement de la bonne exécution des tâches.

Apprécier éventuellement les effets de l'évolution du contexte économique et social

Il s'agit de faire ressortir les évolutions du contexte du cas étudié, lorsqu'elles sont de nature à faciliter la compréhension de l'évolution de la règle de droit.

EXEMPLE :

En entreprise, l'usage de l'ordinateur n'a jamais été pénalisé par l'employeur tant qu'il s'agissait d'une utilisation strictement professionnelle évidemment naturelle avant l'arrivée d'Internet. Avec le temps, l'usage de l'ordinateur et d'Internet est devenu banal pour les salariés, et il semble aujourd'hui impossible d'empêcher toute utilisation de ces outils à des fins personnelles, car chacun y a recours en permanence. C'est la raison pour laquelle la jurisprudence permet aujourd'hui à l'employeur de fixer des limites à cet usage (par exemple, par le règlement intérieur) et, logiquement, de sanctionner sévèrement tout abus de la part des salariés.

Fiche méthode

9 Présentation de l'épreuve du Grand Oral

Une épreuve obligatoire et à fort coefficient

L'épreuve est notée sur 20 points. Le jury doit valoriser la solidité des connaissances du candidat, sa capacité à argumenter et à relier les savoirs, son esprit critique, la précision de son expression, la clarté de son propos, son engagement dans sa parole, sa force de conviction. Le jury est composé de deux professeurs de disciplines différentes, dont l'un représente l'un des deux enseignements de spécialité du candidat et l'autre représente l'autre enseignement de spécialité ou l'un des enseignements communs, ou est professeur-documentaliste.

Les critères d'évaluation recommandés sont : la qualité orale de l'épreuve, la qualité de la prise de parole en continu, la qualité des connaissances, la qualité de l'interaction et la qualité et construction de l'argumentation.

Durée de l'épreuve : 40 minutes
Préparation : 20 minutes
Passage devant jury : 20 minutes

Évaluation :
Note sur 20 points
Coefficient 14

Critères évalués :
- Qualité d'élocution, de la prise de parole en continu
- Qualité et construction de l'argumentation
- Niveau de savoir dans le domaine de spécialité
- Capacité à mettre en lien les savoirs
- Capacité à convaincre, qualité de l'interaction
- Qualité du lien question/orientation

Le déroulement de l'épreuve

L'épreuve, d'une durée totale de 40 minutes, dont 20 minutes de préparation, se déroule en trois temps :

1 Première étape : présentation d'une question (5 minutes)

Au début de l'épreuve, le candidat présente au jury deux questions, préparées individuellement ou avec d'autres élèves. Ces questions doivent lui permettre de construire une argumentation pour définir les enjeux de son étude, la mettre en perspective, analyser la démarche engagée au service de sa réalisation ou expliciter la stratégie adoptée et les choix opérés en termes d'outils et de méthodes.

Les questions sont transmises au jury par le candidat sur une feuille, signée par le professeur de la spécialité concernée et portant le cachet de l'établissement d'origine du candidat.

Le jury interroge ensuite le candidat pour l'amener à préciser et à approfondir sa pensée. Cette interrogation peut porter, en droit comme dans tout autre enseignement de spécialité, sur toute partie du programme du cycle terminal. Ce moment de l'épreuve permet d'évaluer la solidité des connaissances du candidat et ses capacités argumentatives.

2 Deuxième étape : échange avec le candidat (10 minutes)

Le jury interroge ensuite le candidat pour l'amener à préciser et à approfondir sa pensée. Cette interrogation peut porter, en droit comme dans tout autre enseignement de spécialité, sur toute partie du programme du cycle terminal. Ce moment de l'épreuve permet d'évaluer la solidité des connaissances du candidat et ses capacités argumentatives.

3 Troisième étape : un échange sur le projet d'orientation du candidat (5 minutes)

Le candidat explique en quoi la question traitée éclaire son projet de poursuite d'études, voire son projet professionnel. Il expose les différentes étapes de la maturation de son projet (rencontres, engagements, stages, mobilité internationale, intérêt pour les enseignements communs, choix de ses spécialités, etc.) et la manière dont il souhaite le mener après le baccalauréat.

Le jury mesure la capacité du candidat à conduire et exprimer une réflexion personnelle témoignant de sa curiosité intellectuelle et de son aptitude à exprimer ses motivations.

En principe, le candidat effectue sa présentation, la première étape, debout. Pour les deuxièmes et troisièmes étapes de l'épreuve, le candidat est assis ou debout selon son choix.

Le droit au grand oral

Deux types d'exploitation des connaissances juridiques peuvent être envisagées.

– Le projet du candidat peut avoir une dimension juridique affirmée : par exemple le droit du travail en ressources humaines et communication, le droit des contrats dans le cadre de la création d'une entreprise, etc.

– Le candidat peut également décrire systématiquement le contexte juridique du projet qu'il présente, en mobilisant les notions et les capacités du programme de droit, quel que soit l'enseignement spécifique que le candidat aura choisi pour le Grand Oral.

Entraînement au bac

À l'aide de vos connaissances et des ressources documentaires en annexe, analysez la situation juridique ci-dessous et répondez aux questions posées.

Situation Au cours d'une conversation, des amis rapportent des anecdotes concernant des opérations commerciales - parfois en ligne - ainsi que des dérangements subis du fait de démarchages soit à domicile, soit par téléphone.

L'un d'eux se montre particulièrement sensible aux risques liés à la collecte des données personnelles, dont il a le sentiment qu'elle n'est pas toujours réalisée dans le respect des contraintes légales. En effet, il est étonné de recevoir de nombreux courriels émanant d'agences de voyages depuis qu'il a effectué une réservation par Internet pour ses dernières vacances.

D'autres rapportent des expériences vécues de défaut d'information (l'un d'eux a reçu des chaussures *made in China* alors qu'il n'aurait jamais commandé un produit à l'empreinte carbone si désastreuse), de colis non livrés ou de réception tardive (après 10 jours pour l'un d'eux, qui avait compté sur la promesse d'être livré sous 48 h), voire de non-respect du droit de rétractation par les professionnels.

1. Rappelez ce qu'est le RGPD et quelle en est la finalité.
2. Dans l'affaire concernant AG2R (annexe 2), résumez les faits en les qualifiant juridiquement. Précisez comment le litige a été réglé.
3. Dans l'affaire concernant ENI (annexe 3), résumez les faits en les qualifiant juridiquement. Précisez comment le litige a été réglé.
4. Expliquez la relation que l'on peut établir entre le développement des techniques mercatiques et l'essor d'Internet d'une part, et les règles de droit exposées ici d'autre part.

ANNEXE 1 Conseils de la CNIL aux entreprises pour être conforme au RGPD[1]

1. Constituez un registre de vos traitements de données

Ce document vous permet de recenser tous vos fichiers et d'avoir une vision d'ensemble. Identifiez les activités principales de votre entreprise qui nécessitent la collecte et le traitement de données.

Exemples : recrutement, gestion de la paye, formation, gestion des badges et des accès […].

En constituant votre registre, vous aurez une vision d'ensemble sur vos traitements de données.

2. Faites le tri dans vos données

La constitution du registre vous permet de vous interroger sur les données dont votre entreprise a réellement besoin. […]

À cette occasion, améliorez vos pratiques ! Minimisez la collecte de données, en éliminant de vos formulaires de collecte et vos bases de données toutes les informations inutiles. […]

3. Respectez les droits des personnes

Le RGPD renforce l'obligation d'information et de transparence à l'égard des personnes dont vous traitez les données (clients, collaborateurs, etc.). […]

Informez les personnes. […] Vérifiez que l'information comporte les éléments suivants : pourquoi vous collectez les données […], ce qui vous autorise à traiter ces données […], qui a accès aux données […], combien de temps vous les conservez […], les modalités selon lesquelles les personnes concernées peuvent exercer leurs droits […].

Permettez aux personnes d'exercer facilement leurs droits. Les personnes dont vous traitez les données (clients, collaborateurs, prestataires, etc.) ont des droits sur leurs données, qui sont d'ailleurs renforcés par le RGPD : droit d'accès, de rectification, d'opposition, d'effacement, à la portabilité et à la limitation du traitement. Vous devez leur donner les moyens d'exercer effectivement leurs droits. […]

4. Sécurisez vos données

Si le risque zéro n'existe pas en informatique, vous devez prendre les mesures nécessaires pour garantir au mieux la sécurité des données. Vous êtes en effet tenu à une obligation légale d'assurer la sécurité des données personnelles que vous détenez. […]

« RGPD : par où commencer », www.cnil.fr, 18 février 2020.

1. Règlement général sur la protection des données.

ANNEXE 2 AG2R sanctionné par la Cnil : retour sur les règles du démarchage téléphonique

La Cnil a prononcé une sanction à l'encontre de la SGAM AG2R La Mondiale, le 20 juillet [2021], en raison de plusieurs manquements au RGPD.
À cette occasion, la Cnil a précisé les règles applicables en matière de démarchage téléphonique. [...]
Dans sa délibération, la CNIL précise que l'information fournie aux personnes démarchées téléphoniquement par des sous-traitants d'AG2R ne comportait pas l'ensemble des éléments exigés par le RGPD. Plus précisément, la société ne respectait pas l'obligation d'information des personnes prévue aux articles 12, 13 et 14 du RGPD. A ce titre, les personnes concernées n'étaient pas correctement informées de l'enregistrement de l'appel et de leur droit de s'y opposer.
La CNIL avait déjà affirmé sur son site internet que le démarchage téléphonique était autorisé sous certaines conditions. Elle apporte, dans le cadre de sa décision, des précisions utiles.
En effet, il ressort de la délibération de la CNIL précitée que lorsqu'une société démarche une personne téléphoniquement, les informations suivantes doivent être fournies :

- L'appel est susceptible d'être enregistré ;
- Le droit de s'opposer à cet enregistrement ;
- L'identité du responsable de traitement ;
- La finalité de l'enregistrement et sa durée de conservation ;
- Les destinataires de l'enregistrement ;
- Les traitements relatifs à ses données personnelles ou les autres droits dont elle dispose [...] ;
- La possibilité d'accéder à une information plus complète présente sur un site internet, par exemple en activant une touche sur son téléphone ou par l'envoi d'un e-mail. [...]

Ce n'est pas la première fois que la CNIL sanctionne une société pour du démarchage téléphonique illégal. En effet, la formation restreinte de la CNIL avait prononcé une amende de 500 000 euros à l'encontre de la société Futura Internationale à la fin de l'année 2019, pour des manquements en matière d'opposition à la prospection téléphonique notamment.

www.info.haas-avocats.com

ANNEXE 3 Le fournisseur d'énergie ENI condamné pour non-respect du droit de rétractation

[Le fournisseur d'énergie ENI] devra s'acquitter d'une amende de 315 000 euros pour ne pas avoir accepté de résilier des contrats signés à la suite d'actes de démarchage, comme le demandaient les clients concernés.
« La direction générale de la concurrence, de la consommation et de la répression des fraudes (DGCCRF) a sanctionné l'entreprise de fourniture d'énergie ENI Gas & Power pour un montant de 315 000 euros », a souligné [...] l'institution dans un communiqué.
« À plusieurs reprises, ENI Gas & Power France n'a pas donné suite à la demande d'exercice du droit de rétractation de consommateurs qui souhaitaient annuler des contrats de fourniture conclus notamment dans le cadre d'un démarchage à domicile », a rapporté la DGCCRF. Cette amende, qui fait suite à plusieurs plaintes, conclut une enquête menée entre 2017 et 2019.
[...]
Le démarchage à domicile par les fournisseurs d'énergie est critiqué par de multiples associations de consommateurs, qui accusent les groupes concernés d'induire parfois en erreur les particuliers afin de leur vendre leur offre, puis de ne pas respecter le droit de rétractation prévu par la loi. [...]
En cas de contrat signé lors d'un démarchage, « le consommateur dispose d'un délai de rétractation de 14 jours », rappelle la Répression des Fraudes. [...] « La DGCCRF est particulièrement vigilante vis-à-vis de ce type de pratiques qui, d'une part, conduisent à un préjudice économique pour des consommateurs parfois vulnérables et, d'autre part, induisent une concurrence déloyale entre opérateurs », a souligné le gendarme de la consommation et des prix.

www.lavoixdunord.fr

Lexique

A

Abus de position dominante : comportement d'une entreprise profitant de sa position dominante sur le marché pour fausser le jeu de la concurrence.

Acceptation : élément du consentement au contrat consistant dans l'agrément pur et simple de l'offre. Elle peut être expresse ou tacite.

Action en concurrence déloyale : action judiciaire engagée par une personne se disant victime d'actes de concurrence déloyale.

***Affectio societatis* :** élément psychologique désignant l'intention de s'associer, la volonté de collaborer à l'œuvre commune qu'est la société ; à ce titre, les associés se partagent les bénéfices et acceptent de participer aux pertes éventuelles.

Âge légal de la retraite : âge qui permet au salarié de demander la liquidation de sa pension vieillesse.

Apport : bien que les associés mettent à la disposition de la société en vue de l'exploitation commune et qui contribue (à l'exception de l'apport en industrie) à la constitution du capital.

Assurance : contrat prévoyant, contre paiement d'une cotisation ou de primes, d'indemniser l'assuré en cas de survenance d'un risque défini.

Autorité de la concurrence : autorité administrative indépendante spécialisée dans la régulation du fonctionnement de la concurrence sur le marché national.

B

Bonne foi : devoir de loyauté et de coopération de tout contractant, aussi bien dans la conclusion que dans l'exécution du contrat.

C

Capacité : aptitude d'une personne à être titulaire de droits (capacité de jouissance) et à les exercer (capacité d'exercice).

Cause réelle et sérieuse : raison justifiant le licenciement, dont les caractères réel et sérieux peuvent être vérifiés par le juge.

Clauses (contractuelles) : dispositions d'un contrat qui fixent divers points de droit entre les parties.

Clause abusive : clause créant un déséquilibre significatif entre les parties à l'avantage du professionnel, dans un contrat de consommation, ou à l'avantage de la partie qui l'a déterminée à l'avance, dans un contrat d'adhésion.

Clause de mobilité : clause du contrat de travail prévoyant à l'avance une éventuelle mutation du salarié.

Clause de non-concurrence : clause du contrat de travail qui interdit au salarié quittant l'entreprise de faire concurrence à son ancien employeur, soit en s'installant à son compte soit en se faisant embaucher par un concurrent.

Clause de recours au télétravail : clause du contrat de travail prévoyant la possibilité de recourir au travail à distance au moyen des nouvelles technologies de l'information et de la communication.

Clause pénale : clause contractuelle prévoyant le versement d'une indemnité fixée à l'avance en cas d'inexécution totale, ou d'exécution partielle ou tardive de ses obligations par une partie.

Clause résolutoire : clause contractuelle prévoyant qu'en cas de manquement à une obligation contractuelle de l'une des parties, le contrat sera résolu de plein droit, c'est-à-dire automatiquement.

Commission européenne : organe de l'Union européenne dont la mission consiste à proposer des règles européennes et à veiller à leur respect par les États-membres.

Concurrence déloyale : pratique commerciale consistant à capter ou à tenter de capter la clientèle d'un concurrent par des moyens illicites.

Concurrence loyale : pratique commerciale consistant à capter ou à tenter de capter la clientèle d'un concurrent par des moyens licites.

Consentement : accord des volontés des parties à un contrat. Pour que le contrat soit valable, le consentement doit exister et être exempt de vices.

Contenu (du contrat) : ensemble des engagements des parties constituant leurs obligations contractuelles.

Contrat : accord de volonté entre deux ou plusieurs personnes destiné à créer, modifier, transmettre ou éteindre des obligations.

Contrat d'entreprise : contrat par lequel une personne s'engage, en toute indépendance et moyennant une rémunération, à exécuter un travail pour son client.

Contrat de franchise : contrat par lequel une personne, appelée le franchiseur, accepte de mettre à la disposition d'une autre personne, appelée le franchisé, sa marque, ses procédés de fabrication, ses produits moyennant une redevance.

Lexique

Contrat de mise à disposition : contrat commercial conclu entre une agence d'emploi et une entreprise utilisatrice, par lequel la première met à la disposition de la seconde un salarié.

Contrat de mission : contrat de travail temporaire conclu entre une agence d'emploi et un salarié, chargé d'exécuter ses tâches dans une entreprise utilisatrice. (Voir contrat de travail temporaire.)

Contrat de société : contrat constitutif de la société, à l'origine de la création de ses statuts.

Contrat de sous-traitance : contrat par lequel une entreprise (le donneur d'ordre) confie à une autre entreprise (le sous-traitant) le soin d'exécuter pour elle une partie des actes de production ou de services dont elle conserve la responsabilité.

Contrat de travail : contrat par lequel une personne fournissant une prestation de travail (le salarié) obtient en échange une rémunération de celui sous la subordination duquel le travail est exécuté (l'employeur).

Contrat (de travail) à durée déterminée (CDD) : contrat de travail dont le terme est fixé lors de sa conclusion.

Contrat (de travail) à durée indéterminée (CDI) : contrat de travail dont le terme n'est pas fixé et dont l'interruption résulte de causes spécifiques : démission du salarié, licenciement par l'employeur, rupture conventionnelle homologuée par l'administration, etc.

Contrat de travail temporaire : contrat de travail conclu entre un salarié intérimaire et une entreprise de travail temporaire qui le met à disposition d'une entreprise utilisatrice. (Voir contrat de mission.)

Convention collective : accord conclu – souvent au niveau national – entre un employeur (ou des groupements patronaux) et des organisations syndicales représentatives de salariés, en vue de fixer en commun les conditions de travail, d'emploi et les garanties sociales des salariés.

CSE (conseil social et économique) : institution représentative des salariés qui remplace l'ensemble des anciennes institutions élues par le personnel (délégués du personnel, comité d'entreprise et comité d'hygiène, de sécurité et des conditions de travail) dont il reprend les attributions.

D

Déclaration d'insaisissabilité : déclaration faite par un entrepreneur individuel qui permet de faire échapper tout bien immobilier non affecté à son usage professionnel à une saisie pour payer un créancier professionnel.

Démission : rupture du contrat de travail à durée indéterminée, décidée unilatéralement par le salarié.

Dénigrement : fait constitutif de concurrence déloyale consistant à dire du mal d'un concurrent, de ses activités ou de ses produits.

Départ à la retraite : rupture du contrat de travail par le salarié demandant la liquidation de sa pension vieillesse.

Désorganisation (d'une entreprise concurrente) : fait constitutif de concurrence déloyale consistant à dégrader de façon illicite les conditions de fonctionnement d'une entreprise concurrente (souvent par le débauchage de salarié(s)).

Devoir d'information et de conseil : obligation de faire connaître à son cocontractant toute obligation déterminante pour le consentement, renforcée lorsqu'il existe une inégalité de compétence entre les parties, par un devoir de conseil.

Dol : vice du consentement consistant en manœuvre ou ruse utilisée par une personne pour obtenir l'accord de l'autre partie à un contrat.

Dommage direct, certain, personnel et légitime : préjudice subi par une victime permettant d'obtenir réparation du fait de ces quatre caractères.

Dommage matériel : atteinte aux biens d'une personne (perte subie, manque à gagner…).

Dommage corporel : atteinte à l'intégrité physique d'une personne (souffrances, frais médicaux…).

Dommage moral : atteinte aux droits d'une personne constituée par un préjudice immatériel (atteinte à la vie privée, préjudice d'affection…).

Droit de grève : droit fondamental reconnu aux salariés de cesser le travail de façon collective et concertée pour défendre des revendications professionnelles.

Droit de rétractation : droit reconnu au consommateur de revenir librement sur son engagement dans le cadre de contrats de consommation spécifiques : en cas de démarchage à domicile, de vente à distance ou hors des lieux de vente, en cas de crédit à la consommation.

E

Entente illicite : accord explicite ou tacite passé entre des entreprises ayant pour but ou pour effet de fausser le jeu de la concurrence.

Entreprise individuelle : forme juridique d'entreprise dans laquelle il n'y a pas de distinction de patrimoine entre le propriétaire de l'entreprise et l'entreprise.

Entreprise individuelle à responsabilité limitée (EIRL) : forme d'entreprise individuelle permettant à l'entrepreneur de définir un patrimoine affecté à son activité, séparé de son patrimoine personnel, seul ce patrimoine affecté garantissant le paiement des dettes professionnelles.

Erreur : vice du consentement, qui affecte la validité du contrat si elle porte sur l'élément essentiel du contrat : erreur sur la chose, portant sur la substance même de la chose, erreur sur la personne, portant sur l'identité ou les qualités essentielles du cocontractant.

Exception d'inexécution : sanction de l'inexécution du contrat par une des parties, consistant dans le refus ou la suspension de sa propre obligation par l'autre partie.

Exécution forcée : en cas d'inexécution d'un contrat, condamnation, par le juge, du débiteur défaillant à exécuter la prestation qu'il avait promise dans le contrat (par la saisie de ses biens, par exemple).

F

Fait d'autrui : fait d'une personne (le « gardé ») engageant la responsabilité d'une autre personne (« le gardien »), qui exerce un pouvoir de direction, de contrôle et d'autorité sur le gardé, lorsque le comportement de ce dernier a causé un dommage à autrui.

Fait de la victime ou d'un tiers : comportement de la victime ou d'un tiers ayant concouru à la survenance du dommage et ayant des effets sur les conditions de réparation de ce dommage.

Fait des choses : fait de choses « gardées » engageant la responsabilité de la personne (« le gardien »), qui exerce les pouvoirs d'usage, de direction et de contrôle sur ces choses ayant été l'instrument d'un dommage.

Fait des produits défectueux : fait des choses présentant des défauts de fabrication dangereux pour les usagers et engageant la responsabilité du fabricant (ou à défaut, de l'importateur, du vendeur ou du loueur professionnel).

Fait personnel : attitude d'une personne qui, par malveillance, ou bien par imprudence ou négligence, cause un dommage à autrui.

Faute grave : en droit du travail, tout comportement du salarié rendant impossible le maintien du contrat de travail.

Faute lourde : en droit du travail, faute très grave du salarié manifestant une intention de nuire à l'employeur.

Fonds de garantie : fonds d'indemnisation destiné à protéger les victimes de l'insolvabilité du responsable de leur préjudice ou de l'impossibilité de le connaître.

Force majeure : événement extérieur, imprévisible et irrésistible exonérant de toute responsabilité, tant contractuelle que délictuelle.

Force obligatoire (du contrat) : principe selon lequel le contrat engage les contractants et ne peut être remis en cause par la décision unilatérale de l'un d'entre eux.

I

Imitation : procédé permettant la contrefaçon, constitutive d'une atteinte au droit du propriétaire d'une marque commerciale (ou d'un autre monopole d'exploitation protégé).

Indemnité de licenciement : réparation pécuniaire due à tout salarié licencié, dont le montant dépend du salaire de l'intéressé et de son ancienneté.

Inexécution (du contrat) : défaillance d'une des parties au contrat se traduisant soit par l'inexécution totale de ses obligations, soit par leur exécution partielle ou imparfaite, soit par le retard dans l'exécution.

Information du consommateur : obligation du cocontractant professionnel d'un consommateur de lui fournir, avant même la conclusion du contrat, différentes informations telles que les caractéristiques essentielles du bien ou du service, son prix, éventuellement la date ou le délai de livraison, et toutes les informations relatives à son identité.

Intérim : situation dans laquelle un salarié en CTT travaille dans une entreprise cliente de l'agence de travail temporaire qui l'emploie.

L

Liberté de concurrencer : droit de développer sa clientèle au détriment des concurrents et de se défendre de leurs attaques commerciales.

Liberté du commerce et de l'industrie : droit de valeur constitutionnelle, en vertu duquel toute personne peut user des libertés d'entreprendre, d'exploiter et de concurrencer.

Lexique

Libertés collectives : ensemble de droits reconnus aux salariés en tant que partie prenante particulière dans l'entreprise ; parmi lesquels on peut citer le droit de grève, la liberté syndicale, le droit à la présence de délégués syndicaux dans l'entreprise, le droit de s'exprimer sur les conditions de travail.

Libertés individuelles : ensemble de droits fondamentaux de chaque salarié s'imposant à l'employeur, tels que le droit au respect de la personne (interdiction de toute discrimination, protection contre le harcèlement), le droit à l'égalité (en particulier entre les hommes et les femmes), le droit au respect de la vie privée, la liberté d'expression.

Licenciement : rupture du CDI à l'initiative de l'employeur.

Licenciement économique : rupture du CDI à l'initiative de l'employeur, fondée sur des difficultés économiques, des mutations technologiques, la nécessité de sauvegarder la compétitivité de l'entreprise ou la cessation de l'activité.

Licenciement pour motif personnel : rupture du CDI à l'initiative de l'employeur, justifiée par une cause inhérente au salarié, soit une faute soit un fait non fautif (incapacité professionnelle, inaptitudes, etc.).

Lien de subordination : élément essentiel du contrat de travail manifesté par le pouvoir de l'employeur de donner des ordres au salarié, d'en contrôler l'exécution et de sanctionner les manquements du travailleur.

Limitation de responsabilité aux apports : principe selon lequel, dans une société commerciale, la responsabilité de chaque associé ne peut pas dépasser le montant des apports qu'il a faits au capital social.

M

Microentreprise : entreprise individuelle permettant l'exercice d'une activité commerciale, artisanale ou libérale sous une forme simplifiée offrant des avantages fiscaux et sociaux.

Mise en demeure : formalité accomplie par un créancier sous forme de commandement de payer transmis par huissier ou par lettre recommandée adressée à un débiteur défaillant avant l'action en justice.

N

Nullité relative : situation constituant une atteinte causée par le contrat aux intérêts d'un cocontractant et permettant son annulation par le juge à la demande de cette personne.

Nullité absolue : situation constituant une atteinte à l'intérêt général causée par le contrat et permettant son annulation par le juge.

O

Obligations contractuelles : obligation des parties au contrat.

Obligation de moyens : obligation contractuelle en vertu de laquelle le débiteur doit faire tout son possible pour atteindre le résultat attendu par son cocontractant.

Obligation de résultat : obligation contractuelle en vertu de laquelle le débiteur s'engage à atteindre un objectif déterminé.

P

Parasitisme : comportement de concurrence déloyale consistant à exploiter sans droit l'idée, le savoir-faire ou la notoriété d'un concurrent.

Partenaires sociaux : représentants des parties liées par un contrat de travail : du côté des salariés, les syndicats représentatifs (CFDT, CGT, FO, CGC, etc.) et du côté patronal, les organisations patronales représentatives (Medef, CGPME, etc.).

Partenariat contractuel (des entreprises) : accord par lequel une entreprise indépendante confie à des spécialistes certaines de ses fonctions non stratégiques (établissement des bulletins de paie, accueil, service informatique, service de nettoyage …). Les partenariats contractuels les plus répandus sont la franchise et la sous-traitance.

Patrimoine d'affectation : éléments du patrimoine qu'un entrepreneur individuel décide d'affecter à la garantie du paiement de ses dettes professionnelles dans le cadre d'une EIRL (entreprise individuelle à responsabilité limitée).

Pouvoir de direction : pouvoir de l'employeur en vertu duquel il peut décider des mesures d'organisation du travail et de la vie de l'entreprise.

Pouvoir disciplinaire : pouvoir reconnu à l'employeur de sanctionner les fautes commises par les salariés.

Pouvoir réglementaire : pouvoir de l'employeur d'édicter les règles de fonctionnement de l'entreprise et de rédiger le règlement intérieur qui les contient.

Pratiques anticoncurrentielles : comportements d'une ou plusieurs entreprises susceptibles de dégrader le caractère concurrentiel du marché, volontairement ou non.

Préavis : délai entre l'annonce de la rupture du contrat de travail (licenciement, démission) et sa mise en œuvre effective.

Préjudice écologique : atteinte aux éléments ou aux fonctions des écosystèmes ou aux bénéfices collectifs tirés par l'homme de l'environnement.

R

Règlement intérieur : document rédigé par l'employeur par lequel il fixe les mesures d'application de la réglementation en matière de santé et de sécurité dans l'entreprise ou l'établissement, les règles de sécurité propres à l'entreprise et les règles relatives à la discipline.

Réparation en nature : mesures mises à la charge du responsable pour réparer le dommage qu'il a causé en remettant les choses dans l'état où elles étaient (démolition, information des tiers, etc.).

Réparation par équivalent : attribution de dommages-intérêts à la victime pour réparer le dommage qu'elle a subi.

Requalification (du contrat) : décision des juges donnant à un acte juridique ou à une situation sa véritable définition juridique, comme, par exemple, lorsqu'une démission apparente est requalifiée en licenciement ou lorsqu'un CDD est requalifié en CDI.

Résolution (du contrat) : anéantissement définitif et rétroactif du contrat synallagmatique à exécution instantanée ; la résolution s'accompagne de la restitution des prestations déjà versées et, éventuellement, de dommages et intérêts.

Résiliation (du contrat) : dissolution du contrat pour lequel l'annulation rétroactive n'est pas possible, du fait de l'impossibilité de restituer les prestations fournies.

Responsabilité civile : obligation de réparer le préjudice résultant soit de l'inexécution d'un contrat (responsabilité contractuelle) soit de la violation du devoir général de ne causer aucun dommage à autrui (responsabilité extracontractuelle).

Responsabilité extracontractuelle : obligation de réparer le préjudice résultant de la violation du devoir général de ne causer aucun dommage à autrui par son fait personnel, ou du fait des choses dont on a la garde, ou du fait des personnes dont on répond (responsabilité du fait d'autrui).

Responsabilité pénale : obligation de supporter une peine en punition d'une infraction à l'ordre social.

Rupture conventionnelle collective : accord collectif signé entre les représentants syndicaux de l'entreprise et l'employeur prévoyant une série de ruptures de contrats de travail dans l'entreprise. Chaque salarié visé est libre d'accepter ou non et l'accord doit faire l'objet d'une validation par l'administration du travail.

Rupture conventionnelle individuelle : procédure par laquelle le CDI peut être rompu d'un commun accord par le salarié et l'employeur, sous le contrôle de l'inspection du travail.

S

Société commerciale : entreprise de forme sociétaire, dont l'activité est commerciale et/ou appartenant aux catégories SA, SARL, SAS.

Société coopérative : société commerciale dont les salariés sont associés majoritaires et mettent un projet d'entreprise en commun tout en assumant un partage des risques et des décisions.

Syndicat (de salariés) : type particulier d'association sans but lucratif, dont le rôle spécifique est la défense des droits et des intérêts professionnels des salariés.

U

Unicité du patrimoine : caractère du patrimoine qui en fait une universalité, dans laquelle sont associés tous les éléments de l'actif et tous ceux du passif : l'ensemble des biens formant l'actif répond de l'ensemble des dettes et obligations, qui forme le passif.

V

Vice du consentement : circonstances qui entravent la réalisation normale du consentement comme l'erreur, le dol, ou la violence exercée par un contractant.

Victime immédiate : victime ayant subi le dommage directement dans sa personne ou dans ses biens.

Victime par ricochet : victime ayant souffert d'un préjudice parce qu'une première personne, la victime directe, avec laquelle elle avait des liens, a subi un dommage.

Violence : vice du consentement résultant d'une contrainte physique ou morale (chantage) exercée par une personne pour obtenir l'accord de l'autre partie à un contrat.

Crédits photographiques

p. 7 : Aitormmfoto - Shutterstock ; **p. 8 :** Richard Villalon - stock.adobe.com ; **p. 10 :** LightField Studios - Shutterstock ; **p. 11 :** © Marion Delattaignant ; **p. 12 :** Beboy - stock.adobe.com ; **p. 14 :** Gorodenkoff - stock.adobe.com ; Studio Romantic - stock.adobe.com ; Delphotostock -stock.adobe.com ; Buffaloboy - stock.adobe.com ; NeydtStock – Shutterstock ; **p. 15 :** M.studio - stock.adobe.com ; **p. 16 :** Stanisic Vladimir – Shutterstock ; **p. 18 :** Solivo 2010. Olivier Desmures - stock.adobe.com ; **p. 19 :** djile - stock.adobe.com ; **p. 20 :** by-studio, stock.adobe.com ; **p. 21 :** nitinut380 – Shutterstock ; **p. 23 :** © Laurent CERINO / REA ; **p. 24 :** Konstantin Postumitenko - stock.adobe.com ; **p. 26 :** NeydtStock - Shutterstock ; New Africa - Shutterstock ; **p. 28 :** philippe Devanne - stock.adobe.com ; **p. 31 :** compagnie-17 - stock.adobe.com ; **p. 32 :** WavebreakmediaMicro - stock.adobe.com ; **p. 33 :** auremar - stock.adobe.com ; **p. 35 :** Elnur - stock.adobe.com ; **p. 37 :** jeanfranois - stock.adobe.com ; **p. 38 :** PiX'art photographie - stock.adobe.com ; Семен Саливанчук - stock.adobe.com ; **p. 40 :** © Benoit DECOUT / REA ; **p. 42 :** Shutterstock - Photoagriculture; **p. 44 :** Prostock-studio - stock.adobe.com ; **p. 46 :** auremar - stock.adobe.com ; **p. 47 :** janoka82 - stock.adobe.com ; Ecology - stock.adobe.com ; **p. 48 :** bnenin - stock.adobe.com ; Katherine Welles – Shutterstock ; **p. 49 :** Kadmy - stock.adobe.com ; ivanko80 - stock.adobe.com ; **p. 51 :** Jean Luc Flemal - stock.adobe.com ; **p. 52 :** olrat – Shutterstock ; **p. 54 :** STUDIO GRAND WEB - stock.adobe.com ; denphumi - stock.adobe.com ; p. 56 : h368k742 - stock.adobe.com ; pathdoc - stock.adobe.com ; **p. 58 :** Leo Lintang - stock.adobe.com ; **p. 60 :** jaruek - stock.adobe.com ; **p. 62 :** milkovasa - stock.adobe.com ; **p. 63 :** Angelov - stock.adobe.com ; **p. 65 :** flashpics - stock.adobe.com ; **p. 69 :** Snapic.PhotoProduct - stock.adobe.com ; **p. 70 :** JackF - stock.adobe.com ; Bruno Bleu - stock.adobe.com ; **p. 71 :** BigTunaOnline – Shutterstock ; **p. 72 :** Pixel-Shot - stock.adobe.com ; **p. 73 :** apic_PhotoProduction – Shutterstock ; **p. 74 :** Monkey Business - stock.adobe.com ; fizkes - stock.adobe.com ; **p. 75 :** © Frederic Neema - LAIF-REA ; **p. 76 :** © (logo) MEDEF ; © (logo) CPME ; © (logo) CFTC ; © (logo) CGT ; © (logo) FO ; © (logo) CFE CGC ; © (logo) Cfdt © (logo) U2P; **p. 79 :** Tyler Olson - stock.adobe.com ; **p. 80 :** Richard Villalon - stock.adobe.com ; **p. 81 :** Drazen - stock.adobe.com ; Gajus – Shutterstock ; **p. 83 :** © Gerard Rollando ; **p. 84 :** Andrey Popov - stock.adobe.com ; **p. 86 :** pf30 - stock.adobe.com ; **p. 88 :** Infotrontof - stock.adobe.com ; kerkezz - stock.adobe.com ; **p. 89 :** Mrsuchat - stock.adobe.com ; **p. 90 :** WavebreakMediaMicro - stock.adobe.com ; **p. 91 :** LightField Studios– stock.adobe.com ; **p. 92 :** baranq - stock.adobe.com ; **p. 93 :** Song_about_summer – Shutterstock ; **p. 95 :** © Franck CRUSIAUX – REA ; **p. 96 :** Richard Villalon - stock.adobe.com ; **p. 98 :** rozaivn58 - stock.adobe.com ; denisismagilov - stock.adobe.com ; **p. 100 :** Rawpixel.com – Shutterstock ; **p. 102 :** Elnur - stock.adobe.com ; **p. 104 :** fizkes - stock.adobe.com ; p. 105 : fizkes - stock.adobe.com ; **p. 106 :** Kadmy - stock.adobe.com ; **p. 107 :** Brian Jackson - stock.adobe.com ; **p. 109 :** surfmedia - stock.adobe.com ; **p. 110 :** fizkes - stock.adobe.com ; **p. 112 :** airdone - stock.adobe.com ; **p. 114 :** zuchero - stock.adobe.com ; SurfupVector - stock.adobe.com ; HappyArt - stock.adobe.com ; nadiinko - stock.adobe.com ; **p. 116** © (logo) CGT ; **p. 119 :** Alexandros Michailidis – Shutterstock ; **p. 120 :** fotostudiocolor24 - stock.adobe.com ; **p. 125 :** Monkey Business - stock.adobe.com ; **p. 126 :** mavoimages - stock.adobe.com ; **p. 127 :** © Cyril Fussien ; **p. 128 :** Andrey_Popov – Shutterstock ; Evgeny Atamanenko – Shutterstock ; **p. 129 :** rh2010 - stock.adobe.com ; **p. 131 :** Monkey Business - stock.adobe.com ; **p. 132 :** kasto - stock.adobe.com ; **p. 133 :** JuanCi Studio - stock.adobe.com ; **p. 135 :** beeboys - stock.adobe.com ; **p. 137 :** © Livres Hebdo, Vitrine de la librairie Les Furtifs, © PASCAL BONNE ; **p. 138 :** Hadrian – Shutterstock ; dennizn – Shutterstock ; **p. 139 :** emasali stock – Shutterstock ; **p. 140 :** fizkes – Shutterstock ; **p. 142 :** daviles - stock.adobe.com ; **p. 143 :** Tricky Shark - stock.adobe.com ; **p. 145 :** Dragan Grkic – Shutterstock ; **p. 146 :** bhavit chawla – Shutterstock ; **p. 147 :** Nolichuckyjake – Shutterstock ; **p. 148 :** Nejron Photo – Shutterstock ; **p. 150 :** utah51 - stock.adobe.com ; highwaystarz- stock.adobe.com.

Édition : Alexis Roume
Conception maquette : Anne-Danielle Naname
Mise en pages : Nord Compo
Infographie : Vincent Landrin
Conception couverture : Vincent Rioult
Fabrication : Laura Milhomme
Relecture : Nathalie Rachline

N° projet : 10279543 - Dépôt légal : Avril 2022
Achevé d'imprimer en Mars 2022 en Italie par L.E.G.O. S.p. A., Lavis (TN)